生徒指導の教科書
［改訂版］

藤 田 祐 介
編 著

文化書房博文社

はじめに

　「学校が変わった」、「子どもが変わった」、「親（保護者）が変わった」——学校現場で長年勤務している教師から、こういった声を聞く機会は少なくない。時代の変化に伴って、子どもや親の意識が変化し、学校が日々変革を迫られることはある意味で当然のことである。しかし、こういった変化が、従来の公教育のあり方を揺さぶるほどに困難や混乱を伴うものであるとすれば、その変容ぶりに教師たちが戸惑うのも無理のない話である。

　子どもたちや学校のありようが変容していく端緒は、1970年代〜80年代である。高度情報消費社会になって、人々が「豊かさ」と「便利さ」を享受するようになると、子どもたちは大人と同様に消費主体として自立することになった。自分の欲望や好みに合わないものを受け付けないという「商品交換的」な価値を身につけた子どもたちが登場するのがこの頃である。高等学校への進学率が90％を超え、「大衆教育社会」が完成した70年代半ばから、学校は校内暴力やいじめ、不登校といった「教育荒廃」（学校病理）現象によって、徐々にその輝きを失っていった。生徒指導を適切に行えない教師に対する不信が高まり、80年代に入ると学校の閉鎖性をめぐって「学校（教師）バッシング」も展開され、学校・教師の権威性は著しく低下していったのである。

　こうした状況を解決するための処方箋として、1987（昭和62）年の臨時教育審議会答申以降、「教育の自由化・多様化」政策が進められた。しかし、90年代後半には「学級崩壊」などの「新しい荒れ」が社会問題となり、いじめや不登校などは現在に至っても克服されてはいない。それどころか、市場原理に基づく「教育の自由化・多様化」によって教育の「サービス化」が顕著となり、学校はますます揺らいでいった。「商品交換的」な価値が教育界に広く浸透したことで、サービスの提供者である教師は、「お客様」である子どもや保護者の満足度を高めることが至上命題とされ、本来の役割を全うするのが困難になった。「教える」——「教えられる」という垂直関係が壊れ、教師と児童生徒は「対

等」の関係と見なされるようになったし、教師は「指導者」よりも「支援者」であることが歓迎されるようになった。無理難題を要求するモンスターペアレントと呼ばれる「お客様」の出現も、教育の私事化が進行したことの必然的な結果であったと言えるだろう。

　言うまでもなく学校・教師の公共的な役割は、教育基本法第1条が示すように、子どもたちの「人格の完成」とともに、「国家及び社会の形成者」を育成することである。端的に言えば、子どもを一人前の大人にすることが学校・教師の仕事なのであり、公教育が揺らいでいる現在だからこそ、この教師の本来の役割を再確認する必要がある。特に、「すべての児童生徒のそれぞれの人格のよりよき発達」を目指し、「個性の伸長」とともに、「社会的な資質や能力・態度」を育成することをねらいとした生徒指導が、今後より一層重要な意味をもつことは間違いないだろう。学校が社会の急激な変化に晒され、教育課題が広範かつ複雑化している現在、生徒指導の充実はこれまで以上に求められている。

　本書は、こうした状況を念頭におきながら、主として大学生など、生徒指導を初めて学ぶ者を対象に、生徒指導に関する基本的事項を包括的に学び、生徒指導上の課題について理解を深めることを目的としたテキストである。各章とも文部科学省刊行の『生徒指導提要』（以下、本書全体を通じて、適宜『提要』と略）の内容を十分に踏まえるとともに、効果的に学習に取り組めるよう、重要事項を押さえつつ、できるだけわかりやすい叙述を心がけている。

　本書は、2014（平成26）年に初版を刊行したが、初版刊行以降の政策動向や法令改正等を踏まえ、この度、その内容を一部改訂した。本書が生徒指導を学び、あるいは実践しようとする読者にとって、格好の「羅針盤」になれば幸いである。

平成31（2019）年4月

藤田　祐介

目　次

はじめに

第1章　「生徒指導」とは何か……………………………………………… 9
　1．生徒指導の目的　　9
　2．自己指導能力の育成　　12
　3．生徒指導の内容と方法原理　　16

第2章　教育課程全体を支える生徒指導……………………………… 21
　1．教育課程における生徒指導の位置付け　　21
　2．各教科における生徒指導の意義と機能　　24
　3．教科外の各領域における生徒指導の意義と機能　　26
　4．教育課程外の活動との連携　―中学校における部活動を例に　　31

第3章　児童生徒の心理と児童生徒理解…………………………… 35
　1．児童生徒理解　　35
　2．児童期・青年期の心理の発達　　37
　3．生徒理解の方法　　40
　4．発達障害の理解　　45

第4章　生徒指導体制と教師の役割………………………………… 51
　1．生徒指導体制の確立　　51
　2．生徒指導における各教員の役割　　54
　3．組織的・計画的な生徒指導の推進　　57

第5章　法制度と生徒指導…………………………………………………… 61
　1．児童生徒の懲戒と体罰　　61
　2．出席停止　　67
　3．校則・少年法と生徒指導　　69

第6章　児童生徒の問題行動と教師の対応………………………………… 75
　1．問題行動とは何か　　75
　2．問題行動の変遷　　78
　3．教師に求められる対応　　81

第7章　暴力行為・非行……………………………………………………… 87
　1．暴力行為と非行の定義　　87
　2．暴力行為・少年非行の推移と現状　　89
　3．教師に求められる対応　　94

第8章　いじめ………………………………………………………………… 99
　1．いじめ問題の発生といじめの定義　　99
　2．いじめの特徴といじめ論　　101
　3．「いじめ防止対策推進法」といじめ対策　　104
　4．いじめの対応と教育の責任　　107

第9章　不登校……………………………………………………………… 111
　1．不登校問題の経緯・現状・課題　　111
　2．不登校問題の捉え方　　114
　3．教師に求められる対応及び関係機関との連携　　117
　4．高等学校における中途退学の動向　　120

第10章　生徒指導と教育相談……………………………………………… 125
　1．教育相談の意義　　125

2．教育相談体制　　128

　　3．教育相談の進め方　　132

　　4．教育相談で活用する技法と倫理　　135

　　5．スクールカウンセラー、専門機関等との連携　　136

第11章　学校と家庭・地域・関係機関との連携……………………………………　141

　　1．家庭・地域・関係機関の役割と連携の意義　　141

　　2．連携の基本理念　　144

　　3．連携をめぐる具体例　　149

第12章　進路指導とキャリア教育……………………………………………………　153

　　1．進路指導の理念と歴史的推移　　153

　　2．進路指導からキャリア教育へ　　157

　　3．進路指導・キャリア教育の推進と課題　　161

資料編………………………………………………………………………………………　167

事項索引……………………………………………………………………………………　187

第1章

「生徒指導」とは何か

1. 生徒指導の目的

(1) 生徒指導のイメージ

「『生徒指導』という言葉から、あなたはどのようなことをイメージするだろうか。」筆者が以前勤務していた大学の「生徒指導」に関する授業で、学生にこう尋ねると、たとえば次のような回答が返ってきた。

「**校則**などの決まり事を破ったときに、叱られる」、「授業中の私語を注意する」、「頭髪検査や服装検査」、「体育の先生みたいにハキハキした教師が大声で怒る」、「先生が校門に立って生徒たちの様子をチェックする」、「**非行**とか悪い行為をしたときに、保護者を呼び出して、生徒と教師と保護者で面談をする」などなど。

こういった回答からうかがえるように、「生徒指導」という言葉からは、何らかの問題を起こした（起こす可能性のある）児童生徒を対象に、教師が注意・叱責するなど厳しく対応している場面を連想する者が少なくない。毎年の授業でいつも同じような傾向が見られたので、これは何も筆者の勤務した大学に限ったことではなく、世間では一般的に、「生徒指導」について威圧的なイメージが浸透しているのであろう。確かに、多くの者が連想するように、児童生徒に対する注意・叱責や服装検査などは学校の日常的な光景であるし、いずれも間違いなく「生徒指導」の重要な活動である。

しかし、本来の「生徒指導」はこのようなイメージだけで限定的に捉えられ

るべきものではなく、もっと広がりと奥行きのある、多様な側面を持った活動である。「生徒指導」という教育活動には本来、どのような意味があるのだろうか。何を目的とし、いかなる意義をもっているのだろうか。次節以降で確認していくことにしよう。

(2) 『生徒指導提要』にみる「生徒指導」のねらい

2010（平成 22）年 3 月、文部科学省は生徒指導の基本書である『**生徒指導提要**』（以下、『提要』）を発行した。同書は、小学校段階から学校全体で組織的な生徒指導に取り組むため、学校・教師向けに作成されたものであり、『生徒指導の手引（改訂版）』を約 30 年ぶりに全面改訂したものである。1981（昭和 56）年刊行の『生徒指導の手引（改訂版）』は、1965（昭和 40）年に刊行された『生徒指導のてびき』の改訂版で、『提要』が刊行される以前は、学校現場で生徒指導のガイドブックとして活用されてきた。

この『提要』において、「生徒指導とは、一人一人の児童生徒の人格を尊重し、**個性の伸長**を図りながら、社会的資質や行動力を高めることを目指して行われる教育活動のこと」と説明されるとともに、「生徒指導は、すべての児童生徒のそれぞれの人格のよりよき発達を目指す」とされている。このように、生徒指導は、たとえば反社会的な問題行動を起こす一部の児童生徒のみを対象としているのではなく、本来「すべての児童生徒」を対象とした活動であることに留意する必要がある。

生徒指導が一部でなく、すべての児童生徒を対象とした教育活動であるとすれば、児童生徒の**問題行動**に対応し、その解決を図ることは生徒指導のねらいの一つであるとしても、第一義的な目的とは言えない。では、生徒指導の第一義的な目的とは何だろうか。『提要』には、次のような説明がある。

　　「生徒指導は、一人一人の児童生徒の個性の伸長を図りながら、同時に社会的な資質や能力・態度を育成し、さらに将来において社会的に**自己実現**ができるような資質・態度を形成していくための指導・援助であり、個々の児

童生徒の**自己指導能力**の育成を目指すものです。」

　これは、「生徒指導」のいわば定義にあたる部分であり、1988（昭和63）年に文部省が刊行した『生徒指導資料第20集』などにも登場する文言である。このように、生徒指導は、「個性の伸長」という個人的側面と、「社会的な資質・態度の育成」という社会的側面の両面を併せ持ち（＝主体性をもちながら社会において有意義に活動できる人間の育成）、児童生徒の「自己実現」を図っていくための「自己指導能力」を育成することが第一義的な目的、究極的な目標とされているのである。

　「自己実現」とは、「個人が自分に内在する潜在可能性を最大限達成しようとする傾向及びその達成状態」（岡村達也「自己実現」『新版・現代学校教育大事典』第3巻、ぎょうせい、2002年）のことであり、心理学者のマズロー（Maslow,A.H）はこの「自己実現」こそ、人間の最高次元の欲求であると説いた。また、「自己指導能力」とは、英訳すると self-direction ability、すなわち「自分で自分自身を方向付ける能力」のことを意味し、この育成こそが、生徒指導の「究極のねらい」（坂本昇一『生徒指導の機能と方法』文教書院、1990年）あるいは、「生徒指導の根本」、「生徒指導全体を貫く指導原理」（諸富祥彦『新しい生徒指導の手引き』図書文化社、2013年）とされている。「自己指導能力」については、第2節で詳述する。

(3)　生徒指導と学習指導

　さらに『提要』は、生徒指導は「学習指導と並んで学校教育において重要な意義をもつ」と述べ、生徒指導と学習指導を併記している。言うまでもなく教師の主な教育活動は生徒指導と学習指導（教科指導）に分けることができるが、両者はいわば車の両輪であり、互いに密接に関連している。たとえば、「生徒指導は**児童生徒理解**からはじまる」と言われるが、学習指導の場面である各教科の授業はこのための重要な機会である。各教科の授業は学校生活の大半を占めていることから、教師は児童生徒の諸側面（体力や健康状況といった

身体的側面、性格・行動、能力・適性、興味・関心といった心理的側面、出席
状況や対人関係、家庭環境といった社会的側面など）を理解し（＝児童生徒理
解）、これを生徒指導に役立てることができる。

　また、授業において児童生徒の学習意欲を喚起することや、学習上の困難・
不適応に対する指導・助言を行うこと（＝**学業指導**）も生徒指導であるし、児
童生徒の遅刻や授業態度の悪さ（私語など）を注意することも生徒指導であ
る。このように、学習指導の中で生徒指導を行うことは日常的なことであり、
生徒指導という基盤がないと学習指導は成立しない。生徒指導と学習指導の領
域は異なるとしても、その明確な境界線を引くことは難しく、両者は一体的に
捉えなければならない。さらにいえば、生徒指導は学校教育全体を通じて行わ
れるものである。生徒指導は各教科、特別の教科である道徳、総合的な学習の
時間、特別活動などすべての領域を横断した活動であり（活動は教育課程外に
及ぶこともある）、各領域における教育活動とも密接に関連している。

2. 自己指導能力の育成

(1) 「**自己指導能力**」とは何か

　では、生徒指導の鍵概念である「**自己指導能力**」とは具体的にどのようなも
のだろうか。自己指導能力を定義すれば、「さまざまな課題の習得・達成にむ
かって、自分で自分を方向付けるとともに、自己の直面する諸問題を自分で解
決する能力」のことである。つまり、「その時、その場で、どのような行動が
適切か、自分で考えて、決めて、実行する能力」のことであり、「判断」と
「積極的意欲」の二つが要因として含まれる。平たく言えば、「他の人のために
もなり、自分のためにもなるという行動を児童生徒が自分で考えること」であ
る（坂本昇一『生徒指導の機能と方法』文教書院、1990）。

　アメリカの諺に、"You may take a horse to the water, but you can't make
him drink."（馬を水辺まで連れて行くことはできても、水を飲ませることは
できない。）というものがある。これは、「気の進まないものを、他人が無理に

動かそうとしても無駄である」というような意味であり、「自己指導能力」に通じるものである。自己指導能力は、自発的、自律的に自らの行動を決断・実施し、それに責任をもつという経験を積み重ねていくことによって育成されていく。たとえば、授業中に教師が児童生徒の私語を注意してようやく教室が静かになったとする。この場面で、児童生徒にはまだ自己指導能力が十分に身に付いていない。教師の注意という他律的な力によって私語をやめているからである。自己指導能力を身に付けた児童生徒であれば、教師の注意がなくとも、私語が授業の進行を妨害し、他人に迷惑をかける行為であると自ら判断して、私語という行為に及ばないはずである。

(2)　自己指導能力の育成を図る三つの留意点

　『提要』では、児童生徒の**自己指導能力**の育成のために、学校における日々の教育活動においては、「①児童生徒に**自己存在感**を与えること、②**共感的な人間関係**を育成すること、③**自己決定**の場を与え自己の可能性の開発を援助すること、の３点に特に留意することが求められている」とされている。これらは、生徒指導の「三機能」とも呼ばれ、学校教育のあらゆる場でこの機能が発揮されるよう、計画・実践される必要がある。

　①は、教師が子どもたちを十把一絡げに扱うのではなく、児童生徒一人ひとりを代用不可能なかけがえのない存在として認めることで、子どもたちが教師から大切にされているという実感を持てるようにすることである。児童生徒が自己存在感をもつことなしに、その**自己実現**を図ることはできない。自己存在感は「**自尊感情**」（セルフエスティーム：self-esteem）と言い換えてもよい。特に**問題行動**の多い児童生徒には、この自己存在感が希薄な者が少なくない。「どうせ自分は悪く見られている」、「自分はいてもいなくても同じ」などと自分を卑下し、自身を無価値な人間と見なす傾向がある。教師が児童生徒の個別性や独自性を重んじ、一人ひとりの子どもたちに真摯に応答することが、児童生徒の自己存在感の獲得に繋がるのである。

　②は、教師と子どもたちの間、あるいは子どもたち同士で、「人」と「人」

との関係からもたらされる共感、すなわち「人間的ふれあい」を育むという意味である。言うまでもなく、教師は「指導する人（指導者)」であり、児童生徒は「指導される人」であるが、時として、教師は指導者の立場を脱却し、「人」として子どもたちと向き合う必要がある。それは「児童生徒が示す欠点や人間的弱さなどを教師自身が自分の中に見いだす」ということであり、教師が児童生徒の行動を自分のあり方と関係づけて捉える態度を示すことである。

たとえば、授業中の児童生徒の私語を注意する際、同時に「子どもたちの意欲や関心を高めるような授業をしているのだろうか？」と考えてみること、忘れ物をした児童生徒に対し、「先生もうっかり忘れ物をすることがある。他人に迷惑をかけることもあるから、お互い十分気をつけよう」と自戒を込めながら指導すること、いじめの指導をするときに、「いじめを生むような雰囲気を教師が作っていないか？　職員室の雰囲気はどうだろう？　教師同士の人間関係は良好だろうか？」と自問してみること、などである。こういった教師の態度が子どもたちに「人間的なふれあい」を与えることになる。

「人間的なふれあい」は子どもたち同士の間でも大切な要素である。特に近年は、子どもたちのコミュニケーション能力、人間関係能力の低下が指摘されており、共感的な人間関係を構築することがますます重要な課題となっている。共感的な人間関係を構築する能力とは、「『私は私でいい、あなたもあなたでいい』と自他の違いを認めるとともに、その違いの中で互いに折り合える点を見つけていくことのできる力」（諸富祥彦『新しい生徒指導の手引き』図書文化社、2013 年）と言える。したがって、共感的な人間関係を育てることは、子どもたちの自己存在感の育成にも寄与するのである。

③は、児童生徒に自分で物事を決定する機会を与え、児童生徒が自己実現に向けて、決断と責任のある行動をとれるよう援助することである。自己決定は「自己実現の基礎」であり、可能な限り児童生徒が自らの行動を自分で選択し、決定する自由を保障することが重要になる。決められたことを決められたとおりにやるだけ、すなわち「自己決定」なしには、どのような行動が正しいかを自分で判断して実行する力である「自己指導能力」の育成はなし得ない。

そして、自己決定には自己責任が伴うことも忘れてはならない。自己決定による結果は自分で引き受けることが原則であり、たとえ自己決定の結果が不本意なものになっても、それを真摯に受け止める態度が求められる。たとえば、親や教師と相談しながら自分で決定した進学先に不満が生じたからといって、「こんなはずじゃなかった。親や先生がこの学校に行けといったのが悪い」などと考えるのであれば、そこには自己責任感が欠如している。

また、『提要』が述べるように、自己実現は「単に自分の欲求や要求を実現することにとどまらず、集団や社会の一員として認められていくことを前提とした概念」である。とすれば、自己決定がどのような影響を及ぼすことになるのか、他者が自己決定の結果をどのように受け止め、どのように反応するのかなどといった考慮も必要になってくる。自己決定の結果、周りに迷惑をかけたり、他者を傷つけたりすることがあるかも知れない。自己決定は、勝手気ままに好きなことをするという意味ではない。自己実現と他者の主体性の両者を尊重することを基準として、自らの行動を決定することが重要である。

(3) 自発性・自主性、自律性、主体性

生徒指導を通じて**自己指導能力**の育成を図るためには、児童生徒の基本的資質・能力として、**自発性・自主性**、**自律性**、**主体性**を促進することが課題となる。

『生徒指導の手引（改訂版）』（文部省、1981 年）によれば、自発性とは、「欲求や情緒が自然のままに発現して、直接的には外部的な行動として表現されること」であり、自主性とは、「他に依存することなく、自己の正しい自由意志によって決断し、行動すること」である。他者からの強制や指示がないと実行しない、あるいは他者と一緒でないと実行しない（できない）という受動的な態度ではなく、自発性や自主性を発揮して能動的に物事に取り組んでいくことが求められる。

ただ、自発性・自主性に基づく行動だけでは自分の欲求や衝動に自分自身が支配されてしまうということもあり得る。そこで必要になるのが、自律性であ

る。自律性とは、「自分の欲求や衝動をそのまま表出したり行動に移したりするのではなく、必要に応じて抑えたり、計画的に行動することを促したりする資質」（『提要』）のことである。要は、自分で自分の行動をコントロールする能力のことであるが、これは必ずしも自発的なものとは限らない。むしろ、幼少時のしつけのように、他者（大人）のコントロール、すなわち他律が自己（子ども）の行動を規制し、次第にこれが自己に内面化されていくことで、自律性を獲得することが一般的である（他律の自律化）。

　自発性・自主性あるいは自律性が重要であるとしても、学校や社会では、つねに自発的・自主的、自律的に行動できるとは限らない。決められた計画に沿って行動しなければならないことや、「郷に入れば郷に従え」の諺どおり、不本意な風習に従わなければならないこともあるだろう。その場合、その行動を拒否するパターンと、自分の意思や欲望を抑えて行動するパターンが考えられるが、この他に「与えられたものであっても、自分なりの意味付けを行ったり、自分なりの工夫を加えたりすることで、単なる客体として受動的に行動するのでなく、主体として能動的に行動する」というパターンもあり得よう。これこそが「主体性」である。

　「主体性」は全くの「無」の中から生じるものではなく、一定の文脈（コンテクスト）の中でのみ「主体」が現れてくる。つまり、人々は、ある一定のルールや慣習の体系を備えた「社会」と関わりを持っているからこそ、それを受け入れるか抵抗するかという「主体的」判断の余地が生まれるのである。「主体：subject」になるというのは同時に、特定の公共的秩序「に従う：～be subject to」ことを意味しているのである（仲正昌樹『不自由論』筑摩書房、2003 年）。

3.　生徒指導の内容と方法原理

⑴　生徒指導の内容

　生徒指導の内容は多岐にわたるが、その内容を分類すると、たとえば次の 6

つにまとめることができる。

①**学業指導**（educational guidance）。児童生徒の学業がよりよく行われるようにするための指導である。具体的には、学習態度の形成、学習習慣の改善、学習意欲の喚起、学習上の困難（つまずき）に対する指導・助言、効果的な学習方法（ノート・テイキングの仕方、教材の選び方や活用方法、学習計画の立て方など）についての指導・助言などのことである。

②**個人的適応指導**（personality guidance）。人格指導とも言われ、人間としての調和的発達を目指して行われる指導である。正しい人間観の形成、円満な人格の育成、悩みの解決に向けた援助などが含まれる。

③**社会性指導**（social guidance）。集団・社会の一員としての資質（＝社会的資質）の育成を目指す指導である。自立心や協調性、自治・社会奉仕の精神、公衆道徳、礼儀作法、リーダーシップなどを生徒たちに身に付けるための指導であり、道徳教育や集団活動が中心となる特別活動と密接な関連がある。そのため、公民性・道徳性指導とも呼ばれる。

④**進路指導**（career guidance）。児童生徒が自らの能力・適性について理解を深め、自分の進路を自覚的に選択できる力を養うための指導である。児童生徒の**自己実現**を目指した進路選択を支援するため、**啓発的経験**を深める活動や進路情報資料の収集と活用に関する活動、**進路相談**（キャリア・カウンセリング）などが行われる。

⑤**余暇指導**（leisure-time guidance）。余暇（放課後と休日の時間）を効果的かつ健全に活用することで、人間性を豊かにし、心身ともに健康な人間となるよう指導することである。レクリエーション指導ともいわれる。

⑥**健康・安全指導**（health-safety guidance）。児童生徒が健康かつ安全な生活を実践できるよう指導することである。基本的生活習慣（食生活、睡眠など）を身に付けることや、性教育、安全教育などがこれに含まれる。

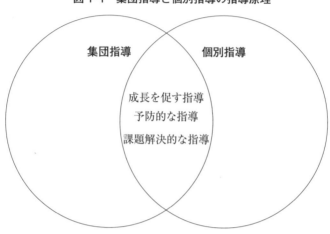

図1-1　集団指導と個別指導の指導原理

出典：文部科学省『生徒指導提要』

(2) 集団指導と個別指導

　生徒指導の形態は大きく**集団指導**と**個別指導**の二つに分類することができる。このうち個別指導には、集団から離れて行う指導と、集団指導の場面において個に配慮することの二つの意味がある。集団指導と個別指導にはいずれも、①成長を促す指導（開発的指導）、②予防的指導、③課題解決的指導の三つの側面があり、①は一人ひとりの可能性や個性を伸長させ、自身の成長に対する意欲を高めることを目的とした指導、②は、**問題行動**などの発生を事前に回避し、深刻な問題に発展しないよう、初期段階での課題解決をねらいとした指導、③は、問題行動や不適応などの改善・解決を図ろうとする指導である。
　集団指導と個別指導は「車の両輪のような関係」（『提要』）にあり、両者の相互作用によって、生徒指導がより効果的なものになる。たとえば、ある学級でいじめが発覚したとき、当事者である児童生徒に対して面談などを通じた指導を個別に行うことはもちろん、学級全体で、場合によっては学年あるいは学校全体で事実確認や再発防止に向けた指導を併せて行うことが重要になる。そして、集団指導、個別指導のいずれにおいても、教師が児童生徒を正しく理解

すること（＝「**児童生徒理解**」）が前提になることは言うまでもない。

『提要』によれば、集団指導には、①社会の一員としての自覚と責任の育成、②他者との協調性の育成、③集団の目標達成に貢献する態度の育成という三つの教育的意義がある。集団指導を通して、集団の規律や約束事を守り、互いに協力しながら各自の責任を果たすことによって、社会生活を営む上でのルールを身につけたり、他者の尊重と自己統制によって望ましい人間関係を築いたり、「集団に対する意識を高めていくことによってお互いを結合して、それによって一人ひとりの児童生徒の問題を解決していく」（坂本昇一『生徒指導の機能と方法』文教書院、1990 年）ことが可能になるのである。

一方、児童生徒一人ひとりの良さや違いを大切にするという意味では、個別指導も重要である。**教育基本法**で「個人の価値」の尊重が謳われ、生徒指導のねらいの一つが「**個性の伸長**」であることからすれば、学校教育のあらゆる場面で、児童生徒一人ひとりに配慮した指導が求められる。特に、「**教育相談**」という活動は個人に焦点をあてたものであり、個別指導の中心的な方法と言える。

＜参考文献＞

・文部省『生徒指導の手引き（改訂版）』（大蔵省印刷局、1981 年）

・坂本昇一『生徒指導の機能と方法』（文教書院、1990 年）

・諸富祥彦『新しい生徒指導の手引き』（図書文化社、2013 年）

第2章

教育課程全体を支える生徒指導

1. 教育課程における生徒指導の位置付け

⑴ 教育活動全体を支える生徒指導

　教育課程とは学校、すなわち教育を意図的・改革的に行うための施設で行われる教育活動のあり方を、「計画」として組織し具体化したものである。『小学校指導書・教育課程一般編』（文部省、1978 年）には、学習者である児童生徒が、教育活動の過程で学び修めるべき教育内容を選択・組織・排列したものとして、教育課程のあり方が次のように説明されている。

　　学校教育の目的や目標を達成するために、教育の内容を生徒の心身の発達に応じ、授業時数との関連において総合的に組織した学校の教育計画

　同時に、教育課程には、**特別の教科である道徳**（以下、「道徳科」）、特別活動などの各領域、さらには部活動やクラブ活動のように課外や放課後行われてきた教科としてまとめることのできない諸活動にも教育的効果を認め、それらを含めて構成された教育活動計画であるとする捉え方もある。すなわち、教育課程の実施を通じて実現を目指す「教育の目的＝人格の完成に必要な資質の形成」は、教科課程と教科外活動という二つの領域からなる教育課程全体を通じ追究してこそ可能とされてきた。

　一方、生徒指導とは、教育課程が実現を目指す目的を共有しつつ、すべての

図2-1 教育課程と生徒指導との相互作用

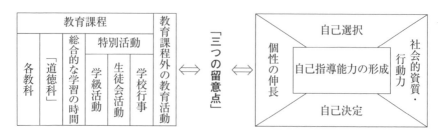

A. 教育課程（中学校の例、正課＋課外）　　B. 生徒指導の意義

図2-2 生徒指導による学校教育の向上・充実

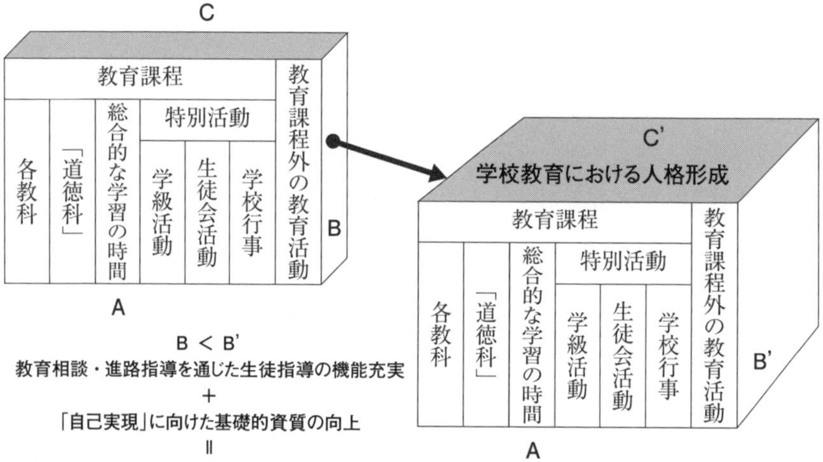

B＜B'
教育相談・進路指導を通じた生徒指導の機能充実
＋
「自己実現」に向けた基礎的資質の向上
＝
学校教育における人格形成の一層の向上・充実
C＜C'

（筆者作成）

児童生徒の現在及び将来での**自己実現**をはかる**自己指導能力**を育成するものである。生徒指導の機能は、教育課程の特定領域のみではなく、教育課程全体に作用する。この生徒指導と教育課程との関係は、図2-1のように示される。

教育課程（A）自体は、多様な教育活動領域の目的・内容・方法を規定する

第2章　教育課程全体を支える生徒指導　23

ものであるが、それだけで成立し、機能するものではない。児童生徒の心身の発達段階や特性などを考慮し、教員の創意工夫を加え、地域性といった学校の特色も生かして編成・実施されるものである。その際、多様な教育活動は、教育課程に含まれる教科等の各領域において実現すべき目標や内容に由来を持ちつつも、他領域と相互に連携し作用しながら展開される。

　生徒指導（B）とは、教育課程に含まれる諸活動を円滑に進め、目的実現を促すために必要とされる、指導上の配慮である。このような教育課程と生徒指導の関係を、「三つの留意点」（第1章参照）をもって学校の教育活動全体で機能させることにより（図2-1）、学校教育の目的である「**人格形成**」が達成される（C）（図2-2）。たとえば、休み時間や放課後に行われる個別的な指導や**教育相談**、**進路指導**、学業不振の児童生徒のための補充指導のように、生徒指導は教育課程運営のため、その内外において付随的に機能するものである。

　そして、生徒指導の機能が教育課程の実施場面において豊かに機能すればするほど（B＜B'）、その先の自己実現に向けた基礎的資質はより一層向上し、学校教育における人格形成に向けた各種教育活動もまた充実するのである（C＜C'）（図2-2）。

(2)　「個別指導」を基盤とした「人格形成」

　教育課程と生徒指導の機能を学校教育全体で促進するためには、教員による児童生徒への深い理解と、これに基づく相互の信頼関係が存在しなくてはならない。その上で、学級別や学年別での「**集団指導**」と、個々の児童生徒の発達段階や精神性・社会性の程度を考慮した「**個別指導**」の方法を関連させなければならない。しかし、教員と児童生徒の間には、これらの指導方法が用いられ、機能を発揮させるための前提や優先される順序の違いが存在する。

　教育課程実施の際は、児童生徒に求められる資質や能力を、規定された目的・内容・方法の下で、一定期間内に育成することが求められる。時間的な制約や効率が求められるゆえに、指導場面は学校・学年・学級といった集団を組織した上で、共通の内容を同時に伝達しうる指導体制・指導方法を採用してい

る。しかし、学習者としての児童生徒が有する個性や能力に応じた教育を行おうとすれば、個々の児童生徒についての正しい理解とそれを深める一層の努力が教員には求められる。児童生徒の状況に合わせ、共通であるはずの内容のまとまりや順序を組織しなおしたり、一定程度の規模を持つ学習集団をより小集団化するといった工夫や配慮も必要となる。

このような教育課程の実施場面において、生徒指導は、個別化・個性化に対応した指導体制や指導方法の適切な運用を支える機能を果たす。生徒指導とは、その意義にも示されるように、一人ひとりの児童生徒の「**個性の伸長**」を図りながら、「社会的資質や行動力」を高める働きであることから、教育課程のあらゆる場面において、個々の児童生徒の持つ資質や能力を生かそうとするものである。そのため生徒指導は、教育課程とは異なるアプローチを取り、児童生徒個々の理解を出発点として、**自己指導能力**の獲得を目指す。そして、彼らを多様な学習機会や学習場面を組織・編成した教育課程に適応させ、学習に対する主体性や意欲を引き出し、あらゆる学習活動のねらいの達成につなげていくことを課題としている。

つまり生徒指導とは、教育課程が実現しようとする共通性を達成するために、学習場面のみならずあらゆる教育場面において個別性を重視した働きかけを行うという機能を有する。そして両者は、それぞれの意義と目的を有しつつも、相補的な関係にある。

以上の特性を活かしつつ、児童生徒の**人格形成**という学校教育の目的を実現するため、両者は密接に連携、作用していかなければならない。このような前提に立ち、教育課程に含まれる各領域において生徒指導の機能はいかに作用するのか、領域ごとに確認していこう。

2. 各教科における生徒指導の意義と機能

(1) 授業を通して育む自己指導能力と社会性

児童生徒の学校生活において、各教科での学びは最も多くの時間を占めてお

り、教科での学びを通じた達成感や充実感は、そのまま学校生活の意義に直結する。それゆえ、教員としては、児童生徒にわかりやすい授業内容やその工夫ばかりではなく、授業や教室環境を共につくる人間関係の調整や改善もまた、大切な配慮事項となる。学習集団を、豊かな人間性を相互に育む集団へとつなげるためには、教科指導においても生徒指導を充実させなければならない。

　教科指導において生徒指導を充実させるため、『**生徒指導提要**』（文部科学省、2011 年）では、次の 5 つの観点から教員が指導力を発揮することを求めている。

　　①授業の場で児童生徒に居場所をつくる／②わかる授業を行い、主体的な学習態度を養う

　　これらは、一人ひとりの児童生徒が、学習場面や生活場面において自分のよさや得意分野を発揮できるよう、教室や授業の内外を貫いて教育環境を整備し、学習態度を養成する大切さを示している。授業の場における充実した学習活動を通して、すべての児童生徒が学習に対する充実感や達成感を味わい、自分のあり方や生き方を考える基盤にもなるのである。

　　③共に学び合うことの意義と大切さを実感させる／④**言語活動**を充実させ、言語力を育てる

　　これらは、児童生徒が互いの協力・協働のもと、みんなで学びあう場と機会を設けることにより、一人ひとりの違いを認めあい、支えあう人間関係の醸成につながることを示している。そのためのコミュニケーション能力を養う主要な活動として、平成 20・21 年版学習指導要領でも強調された言語活動の積極的な導入と活用があげられる。

　　⑤学ぶことの意義を理解させ、家庭での学習習慣を確立させる

　　児童生徒の変容や成長が、自らの発見や経験を通じた生活の向上や改善につながるためには、学校外の生活環境での過ごし方も重要である。そのため、授業や学校内での学習機会にとどまらず、家庭での生活習慣に支えられた学習習慣の確立は欠かせない。

これらの観点に基づき授業が充実することにより、児童生徒一人ひとりの**自己指導能力**とともに、学習者同士の関係促進に基づき社会性の獲得も実現するのである。

(2) 「指導と評価の一体化」を支える生徒指導

各教科の授業の多くは一斉教授であり、児童生徒間共通の学習内容を一斉に伝達する方法を取り入れている。現在では、各教科にかぎらず、児童生徒のよりよい成長を目指した指導を実現するため、少人数グループや**習熟度別指導**といった、児童生徒一人ひとりに目を行き届かせる授業形態を取り入れている。このような動向は、児童生徒の評価を適切に実施するだけでなく、評価の結果によって後の指導を改善し、さらに新しい指導の成果を再度評価するという、指導に活用するための評価の充実を目指している。

このような考え方は「**指導と評価の一体化**」と称されるが、日常的な授業改善に取り組むためには、評価のための評価活動に終わらせることなく、指導の改善へ生かして、児童生徒一人ひとりへの指導の質を高めることが一層重要となる。同時に、一人ひとりの**児童生徒理解**を基盤とした生徒指導の機能を発揮し、通信簿や面談などの機会を通じて、学習場面での評価を児童生徒のみならず、保護者にも日常的に説明することも大切である。

3. 教科外の各領域における生徒指導の意義と機能

(1) 特別の教科としての道徳 (「道徳科」)

各学校段階で共通している道徳教育の特質とは、**道徳教育推進教師**を中心に教育課程の他の領域と関連をはかり、学校の教育活動全体を通じて行われている点にある。道徳教育としての目標は「(略) 自己の (人間としての) 生き方を考え、主体的な判断の下に行動し、自立した人間として他者とともによりよく生きるための基盤となる道徳性を養うこと」と示されている。この実現に向けた実践の要である「道徳科」では、以下の目標を掲げている (中学校)。

（略）よりよく生きるための基盤となる道徳性を養うため、道徳的諸価値についての理解を基に、自己を見つめ、物事を広い視野から多面的・多角的に考え、人間としての生き方についての考えを深める学習を通して、道徳的な判断力、心情、実践意欲と態度を育てる。

つまり道徳教育は、「道徳的心情」「道徳的判断」「道徳的実践意欲と態度」からなる「道徳性」を育むものとされているが、それらは学校にとどまらないあらゆる生活場面において、計画的・発展的に実践されていかなければならない。「道徳性」の示す内容は、小・中共通の項目として「主として自分自身に関すること」「主として人との関わりに関すること」「主として集団や社会との関わりに関すること」「主として自然や崇高なものとの関わりに関すること」の4つに整理分類されている。高等学校には「道徳科」は設定されていないが、「公民科」や「特別活動」の「ホームルーム活動」などを中心に、人間としての在り方生き方に関する教育を、学校の教育活動全体を通じて行うこととされている。

生徒指導もまた、道徳教育と同様、全教育活動と密接に関連しながら展開される。児童生徒の学びをあらゆる学校生活での場面において「道徳科」での学びを学校生活全体通じて補い、深め、捉えなおしたり発展させたりするものである。そして、両者の活動は、一人ひとりの生き方や社会性の発達を助ける教育活動であり、その関連は相互補完的である。道徳に関する指導の成果が発揮される場として、日常的に用意しうる生徒指導の機会が当てはまり、逆に生徒指導の機能が発揮される中で、児童生徒による日々の学習活動の実情に即した道徳的指導の課題もまた明確になるのである。

(2) 総合的な学習の時間

総合的な学習の時間（以下、総合学習）は、以下の目標へ示すように、教科の枠を超え、学習者の課題意識を活かした探究的な学習として組織される。

（略）横断的・総合的な学習を行うことを通して、よりよく課題を解決し、自己の生き方を考えていくための資質・能力を次のとおり育成することを目指す。

(1) 探究的な学習の過程において、課題の解決に必要な知識及び技能を身に付け、課題に関わる概念を形成し、探究的な学習のよさを理解するようにする。

(2) 実社会や実生活の中から問いを見いだし、自分で課題を立て、情報を集め、整理・分析して、まとめ・表現することができるようにする。

(3) 探究的な学習に主体的・協働的に取り組むとともに、互いのよさを生かしながら、積極的に社会に参画しようとする態度を養う。

総合学習を生徒指導の機能との関連において捉えると、以下の３点のように、個々の児童生徒の意欲や関心を引き出す機能が双方の特性を発揮しつつ、相互に作用する場面を設定しうる。

第一に、教科の枠組みでは捉えられない課題を、自ら設定することから始まる総合学習は、児童生徒一人ひとりの違いを生かしたり引き出したりする学習機会である。児童生徒が学習場面で示す主体性や、課題の発見から解決に向けた取り組み場面において、教員は、彼ら一人ひとりに対する深い理解に基づきつつ、時には自発性や能動性を引き出し、学習過程で生じる困難や活動の停滞時では、解決に向けた適切な指導性を発揮しなければならない。

第二に、学習活動が協同的に進行する場面では、積極的に他者と関わることにより、将来所属する社会における他者との共存・共栄に必要とされる協力的な姿勢や、そのために貢献しようとする態度が育まれる。同時に、他者との関わりを通じて、児童生徒の社会的資質の向上にもつながる。

第三に、学習場面を通じた個人・集団としての資質の向上は、自己の幸福と社会の発展を追求し、将来社会における**自己実現**を図ることに通じるものである。児童生徒一人ひとりが、人間・社会・自然といった自分以外の世界との関わりを通じて学習活動の意味や価値を学び、これからの生活や行動、自分と社

会との関わり方を考える過程にあって、教員は児童生徒へ積極的に関わり、必要とされる支援を行うことが大切である。

(3) 特別活動

学級や生徒会といった様々な「**集団活動**」を基盤として、活動に関わる児童生徒個々の資質・能力の自覚を促す特別活動の目標は、以下のように示される。

　（略）様々な集団活動に自主的、実践的に取り組み、互いのよさや可能性を発揮しながら集団や自己の生活上の課題を解決することを通して、次のとおり資質・能力を育成することを目指す。
　(1) 多様な他者と協働する様々な集団活動の意義や活動を行う上で必要となることについて理解し、行動の仕方を身に付けるようにする。
　(2) 集団や自己の生活、人間関係の課題を見いだし、解決するために話し合い、合意形成を図ったり、意思決定したりすることができるようにする。
　(3) 自主的、実践的な集団活動を通して身に付けたことを生かして、集団や社会における生活及び人間関係をよりよく形成するとともに、人間としての生き方についての考えを深め、自己実現を図ろうとする態度を養う。

その内容は、中学校では「学級活動」「生徒会活動」「学校行事」の項目に分けられている。（小学校では「学級活動」「児童会活動」「学校行事」に加えて4年生以上に「クラブ活動」を設定。高校学校は、「学級活動」ではなく「ホームルーム活動」。）このような特別活動のあり方を、生徒指導の機能との関連において捉えると、以下の3点のような相互作用場面が設定される。

第一に、所属する集団を、自分たちの力によって円滑に運営するために必要な手立てや姿勢を学ぶ場面である。学級活動を例にすると、小集団である特性を生かし、児童生徒一人ひとりが学級の自治運営に参画し、自分らしさを発揮する関わりや場面設定が可能となる。直接的に他者とかかわる経験を通じて、児童生徒は、自主的・実践的な態度や健全な生活態度を身につけることができ

る。同時に、教員の立場からは、児童生徒一人ひとりがよく見える距離感であることを生かし、適応促進から進路指導に至るまで、彼らに対し直接的かつきめ細かな生徒指導を行うことができる場となる。

　第二に、児童生徒一人ひとりが集団生活の中でよりよい人間関係を築き、それぞれの個性や自己の能力を生かして、互いの人格を尊重しあって生きることの大切さを学ぶ場面である。生徒会活動を例にすると、この活動は、学校としての組織運営や伝統・校風・所属意識の涵養と継承、ボランティア活動といった学外との交渉窓口等、全校児童生徒により組織された**異年齢集団**による自発的、自治的活動である点に特徴がある。児童生徒は、このような実施規模の大きな活動を通じて、学級別・学年別の小集団では得にくい達成感や成功体験を獲得する機会となる。同様に教員は、一部の児童生徒のリーダーシップばかりではなく、児童会・生徒会執行部を支える諸集団の**フォロワーシップ**もまた引き出さなければならない。これら活動もまた、生徒指導の機能を発揮しつつ、運営・実施されることが求められるものである。

　第三に、集団としての連帯意識を高め、集団や社会の一員としての望ましい態度や行動のあり方を学ぶ場面である。学校行事を例にとれば、その目標は「集団への所属感や連帯感を深め、公共の精神を養い」と示され、また内容では「学校生活に秩序と変化を与え、学校生活の充実と発展に資する体験的な活動を行う」とされている。学校行事は「儀式的行事」「文化的行事」「旅行・集団宿泊的行事（小学校は「遠足・集団宿泊的行事」）」「健康安全・体育的行事」「勤労生産・奉仕的行事」の５つの活動内容から構成されるが、いずれも学級の場を超えた全校又は学年の規模で行われる集団活動であると同時に、児童生徒と教員が協力して作り上げていくものでもある。児童生徒一人ひとりの自発性を前提とした各種活動が、年間通じて計画的かつ頻繁に実施され、それらが全て児童生徒と教員相互の協力と指導を前提としている点にこそ、生徒指導の機能があらゆる場面でより強力に作用する理由が存在している。

4. 教育課程外の活動との連携 ──中学校における部活動を例に

　生徒指導の機能は、いわゆる正課としての教育課程に限らず、部活動などの課外活動にも連続して作用している。その中でも、多くの生徒が関わる部活動の意義は、授業に次いで学校生活において大きな比重を占めるものである。2006 年に報告された東京都の調査によれば、生徒の部活動への加入状況は中学校で 84.8％、高等学校（全日制）で 74.6％と、多くの学校で部活動が設置されており、加入する生徒も多い状況が読み取れる（東京都教育委員会『部活動振興基本計画─運動部活動振興に向けた 20 の提言─』2006 年 8 月）。

　しかし、この正課と課外活動との関係は、生徒のみならず教員も密接なものであると受け止めながらも、そのあり方や教員が果たす役割や責任範囲をめぐり、曖昧なままにされてきた側面を有する。『中学校学習指導要領』における部活動の扱いに関する変遷を捉えてみると、部活動に求められる役割や意義は大きく変わっていない。しかしその位置付けは、正課と課外活動との関係が、教育を取り巻く社会状況の中で大きく揺れ動いてきたことを示している。

　平成元年版では、「部活動に参加する生徒については、当該部活動への参加によりクラブ活動を履修した場合と同様の成果があると認められるときは、部活動への参加をもってクラブ活動の一部又は全部の履修に替えることができるものとする」と明記された。これは、1992（平成 4）年度から始まった学校週 5 日制やそれによる授業時数の削減への対応が背景にあるが、この時点で、教育課程外の部活動への参加をもって、教育課程内のクラブ活動の履修に代替できることが示された。いわゆる「**部活代替制度**」のはじまりである。

　さらに、平成 10 年版では「クラブ活動」という領域がなくなった。これは、部活代替制度によって、部活動の適切な実施を前提に、中学校及び高等学校のクラブ活動が全面的に廃止されたことを意味する。つまり、必修であったクラブ活動の目的や機会の実現は、課外に位置付く、教育法規上強制力のない部活動へと移行した。

しかし、平成20年版では、同年1月の中央教育審議会答申の指摘を踏まえ、以下のように部活動の意義と留意点が明確に記された。

(13) 生徒の自主的、自発的な参加により行われる部活動については、スポーツや文化及び科学等に親しませ、学習意欲の向上や責任感、連帯感の涵養等に資するものであり、学校教育の一環として、教育課程との関連が図られるよう留意すること。その際、地域や学校の実態に応じ、地域の人々の協力、社会教育施設や社会教育関係団体等の各種団体との連携などの運営上の工夫を行うようにすること。(第1章第4の2、下線は筆者)

同様に、『中学校学習指導要領解説』でも、部活動と教育課程の関係について、「部活動は、教育課程において学習したことなども踏まえ、自らの適性や興味・関心等をより深く追求していく機会であることから、…(中略)生徒自身が教育課程において学習する内容について改めてその大切さを認識するよう促す」とあるように、正課同様、部活動も学校教育の一環として関連付けて指導を行う方針が示されている。

生徒の自主的、自発的な参加により行われる部活動は、個々の興味関心や**主体性**を基盤に、それらを共有した集団の自治に基づく学習の場である。だからこそ部活動は、正課と同等以上の教育的効果が期待されるとともに、参加者一人ひとりのよさを引き出す生徒指導の機能を発揮できる場としてこれまで認められてきた。部活動にかぎらず、課外活動もまた児童生徒の学習環境・生活環境の一部であるとの認識のもと、正課における教科等の学びとの関連性を認識するとともに、生徒指導の機能もまた同様に発揮しうるよう、相互の関連を深めるための工夫や配慮が一層求められる。

＜参考文献＞
・西島央『部活動―その現状とこれからのあり方』（学事出版、2006年）
・山田恵吾・藤田祐介・貝塚茂樹『第三版　学校教育とカリキュラム』（文化書

房博文社、2015 年）

・武内清（編）『子どもと学校（子ども社会シリーズ　3)』（学文社、2010 年）

・松田文子・高橋超『改訂　生きる力が育つ生徒指導と進路指導』（北大路書房、2013 年）

・諸富祥彦『新しい生徒指導の手引き』（図書文化、2013 年）

第3章

児童生徒の心理と児童生徒理解

1. 児童生徒理解

　学校のあらゆる教育活動を行う際に必要となるのが教師の**児童生徒理解**である。中でも生徒指導では教師の児童生徒理解がどの程度行われるかによって教育効果が決まるといっても過言ではない。そのため教育の目的である児童生徒の人格の完成を目指すには個々の児童生徒の理解が欠かせない。近年は児童生徒の個性や**問題行動**も多様化しているためその重要性がこれまで以上に強調されている。そこで本章では生徒指導における児童生徒の心理と児童生徒理解に焦点をあてる。まず本節では児童生徒理解がどのようなものであるかその基本的事項を概観してみよう。

(1) 児童生徒理解とは

　児童生徒理解では、まず個々の児童生徒をさまざまな視点から捉え、その児童生徒の特徴とその児童生徒が抱えている問題を理解する「**アセスメント（見立て）**」が必要になる。教師はこのアセスメントによって「この子はどのような子か」「この子は今どのような問題を抱えているのか（抱えそうなのか）」「なぜこのような問題を抱えてしまったのか」という「仮説」を立てる。教師はこの仮説をもとに、児童生徒の「過去」、「現在」、「未来」を見据えて実際の生徒指導を行っていく必要がある。たとえば、学級である児童生徒が**不登校**になった場合、とにかく学校に登校させるといった対症療法的な指導では根本的

な解決にはならない。なぜ不登校に至ったのか（過去）、この子の今後を考えたときどのような指導をするのが適切かなど（未来）、長期的な展望をもって目の前の児童生徒をアセスメントして指導を行う必要がある（現在）。また、これらのアセスメントはあくまで仮説であるため実際の関わりの中で常に仮説を修正していく必要がある。

(2) 児童生徒理解の区分

　児童生徒理解は、「対象（何を）」と「方法（どのように）」によって大きく区分することができる。「何を」理解するかといった「対象」による区分としては「**一般的理解**」と「**個別的理解**」の二つに分けられる。一般的理解とは、次節で概観するような児童期、青年期など各発達段階における児童生徒全体の心理的な特徴や、ある学校全体の児童生徒の傾向を理解するものである。一方、個別的理解とは、一般的傾向だけではとらえきれない、個々に異なる児童生徒の特徴や事例を理解するものである。適切な生徒指導を行うには児童生徒の各発達段階における一般的な傾向とともに、個々の児童生徒の特徴も理解する必要がある。

　「どのように」理解するかといった「方法」による区分としては「**主観的理解**」、「**客観的理解**」、「**共感的理解**」の三つに分けられる。主観的理解とは、児童生徒の会話、行動、態度など、児童生徒との関わりの中で教師が主観的に判断するものである。客観的理解とは、主観的理解を補う、観察記録、心理検査など、科学的な資料をもとに客観的に行うものである。共感的理解とは、面接などにおいて教師が児童生徒の立場を尊重して話を聞き、児童生徒を受容することによって児童生徒の本音を理解する方法である。これらの方法もどれか一つで十分ではなく、適切に組み合わせて児童生徒理解を行う必要がある。

(3) 児童生徒理解の内容

　児童生徒の個性は非常に多様で複雑である。そのため、**個別的理解**の際は一側面だけでなく心理的側面、身体的側面、社会的側面など可能な限り包括的な

第3章　児童生徒の心理と児童生徒理解　37

表3-1　児童生徒理解のための基本的な資料

1．一般的な資料	児童生徒の氏名、住所など
2．生育歴	乳児期及び幼児期におけるしつけなど
3．家庭環境	経済状況、両親の関係、親の養育態度など
4．情緒的な問題	不安傾向、攻撃性、過敏性など
5．習癖	食事・睡眠・性などの特異傾向など
6．友人関係	友人関係の推移と特徴など
7．身体の健康状態	病歴、身長・体重の特徴など
8．学校生活	学業成績、出欠状況、学校への適応など
9．調査や検査の結果	学力、性格、適性、悩み、進路など
10．現在当面している困難	学校生活の悩み、その他の悩みなど

出典：文部省『生徒指導の手引き（改訂版）』より作成

観点から理解する必要がある。児童生徒の個別的理解に必要な情報としては主に表3-1に示したようなものがある。生徒指導を行う際は、これらの情報を包括的に捉え、**主観的理解、客観的理解、共感的理解**の観点から**児童生徒理解**を行う必要がある。また第10章の**教育相談**で触れるように、学校心理学の分野ではこのような児童生徒の**アセスメント**を漏れなく行うためにチェックシートなどが活用されている。教師はこのような資料をもとに児童生徒の客観的理解を行い、適切な生徒指導を行えるように留意しておく必要がある。

2．児童期・青年期の心理の発達

(1)　児童期の心理と発達

　本節では、前節で触れた**児童生徒理解**における「**一般的理解**」として、児童期と青年期の発達的特徴を、知的側面、心理的側面、社会的側面から概観してみよう。児童期とは発達段階的に「幼児期」と「青年期」の間に位置し主に小学校の時期を指している。幼児期が楽しい活動の中で無自覚な学びをする時期

であるのに対し、児童期は規律の中で自覚的な学びをする時期になる。また、幼児期が根拠を伴わない万能感であるのに対し、児童期は自己を客観的に評価した上で有能感を持つようになる（文部科学省『生徒指導提要』2010 年；以下、『提要』）。エリクソンは、このように自己を制御し自覚的に学ぶ「勤勉性の獲得」を児童期の**発達課題**としており、これにつまずくと児童は劣等感を抱くようにもなる。

　知的な面では、児童期はピアジェの認知発達における「**具体的操作期**」に入り、具体的なものに関しては理論的な思考ができるようになる。つまりピアジェの保存課題や三つ山課題に見られるように、可逆的思考や他者の視点を理解する視点取得能力が発達する。この知的発達に伴い児童期は幼児期に比べ同年代の他者との比較や社会的規範の取り入れが可能になり肯定・否定を含めた客観的な自己理解が進む。また、記憶力は記憶方略の自発的使用によって高まり、言葉の面でも話し言葉や書き言葉が発達し、次第に自己の内面も表現できるようになる（櫻井茂男『たのしく学べる最新発達心理学』図書文化、2010 年）。

　心理的な面では、児童期は自己制御や**道徳性**が発達していく。幼児期後期に獲得される感情や感情表出の制御は児童期を通じて発達し、感情を行動ではなく言葉で表現するなど感情の表出を抑制するようになる。一方、道徳性も発達が進み、小学校低学年では道徳性の基本である自分ですべきことができるようになる。加えて、中学年では自分の行為の善悪についてある程度内省できるようになり、高学年では相手の身になって人の心を思いやる共感性も発達するようになる（『提要』）。

　社会的な面では、児童期は友人関係の重要性が増してくる。小学校低学年は幼児期と同様に物理的に身近な仲間が友人となるが、中学年以降は同性で同年齢の仲間と、高学年では「親友」といった特定の仲間と集団を形成し、考えを共有するようになる。これは親からの自立の準備のために現れる集団で「**ギャング・グループ**」とも言われる。考えを共有し結束力が強い分、他者を排除する傾向も強いため孤立する児童も見られるようになる。

　このように児童期は小学校という規律的な集団生活の中で安定した成長を遂

げる時期である。一方で、近年は学級崩壊の問題なども見られることから教師はこのような児童期の発達的特徴を把握しながら生徒指導を行っていく必要がある。

(2) 青年期の心理と発達

青年期は、「児童期」と「成人期」の間に位置し、自己を再構築して自己と社会を統合する大人への移行期とされる。青年期前期（主に中学校）は、思春期とも呼ばれ、第二次性徴に伴い心身に変化が現れる時期になる。青年期中期（主に高校）は、**「第二反抗期」**や**「心理的離乳」**など保護者から精神的に自立する時期になる。青年期後期（主に大学以降）は、職業選択、結婚などを通し自分とは何者かという**自我同一性**を確立する時期になる。エリクソンはこのような「自我同一性の確立」を青年期の発達課題としている。青年期は人間の発達にとって重要な意味を持つが、その分不安やいらだちなど精神の動揺も見られる不安定な時期でもある。

知的な面では、青年期はピアジェの認知発達における**「形式的操作期」**に入り、前段階の具体的操作期に比べ、抽象的・非現実な可能性についても論理的に正しい思考や推論を行うことができるようになる。たとえば「仮説演繹的思考」が可能になり、命題間の理論的な関係についての理解も可能となる。さらに自分自身の思考について思考する「メタ認知」も可能になり、自分自身を内省する力が高まる。この高度な抽象的思考能力の発達によって、青年期の発達課題でもある「自分とは何者か」という自己概念や自我同一性を思考することが可能になる。

心理的な面では、青年期は第二反抗期の時期ともされている。第二反抗期は、12 ～ 14 歳頃の抽象的思考能力が成熟し、自我意識が高まる青年期に現われるとされている。第二反抗期は、保護者から心理的離乳をして、自己の価値観を模索するものになるため、干渉されることや子ども扱いされることを嫌う傾向がある。この時期は、保護者だけでなく教師など周囲の大人や権威に対して拒否的、反抗的態度を示すようになる。この第二反抗期は社会性の発達に意

味があるが、個人差もあり近年では第二反抗期がみられない場合もあるとされている。

　社会的な面では、青年期は保護者からの精神的な自立により、さらに友人関係の重要性が増す。この時期の友人関係も発達的に変化していくが青年期は「**チャム・グループ**」から「**ピア・グループ**」の移行期とされている。チャム・グループとは、主に青年期前期に見られ「同じである」ことの確認に意味がある友人関係である。一方、ピア・グループは主に青年期中期以降に見られる自立した個人としての違いを認め合い共存する友人関係である。しかし、近年は「ピア・グループの先延ばし」など、従来の友人関係の時期や形態と異なることも指摘されている。また、青年期は異性関係も活発になり、対人関係において悩み事がたえない時期でもある。

　このようにさまざまな変化が訪れ、自己を模索する時期である青年期は「第二の誕生」とも言われ不安定な時期でもある。そのため生徒指導を行う上で教師はこのような不安定な青年期の発達的特徴を理解した上で働きかけを行う必要がある。

3. 生徒理解の方法

(1) 児童生徒理解の資料とその収集

　児童生徒理解における「**個別的理解**」の際、教師の主観的理解のみに頼る判断では偏りが生じてしまう。そのため、教師は客観的な児童生徒理解の方法を身につける必要がある。客観的な資料を集める基礎的な方法としては、「**観察法**」「**面接法**」「**質問紙検査法**」「**検査法**」「**作品法**」「**事例研究法**」などがある（『提要』）。

　第一の観察法とは、日常の児童生徒の外面的な行動の観察によって児童生徒理解を行う方法である。観察法は、休み時間や授業時間など児童生徒の行動を自然に観察する方法や、児童生徒の行動を計画的に観察し客観性を高める方法などがあり、児童生徒の自然な様子を知ることができる。第二の面接法とは、

特定の場所で児童生徒と面談することによって児童生徒の反応を観察する方法である。面接法には、質問する項目をあらかじめ準備して行う「調査面接法」、心理援助を目的として児童生徒の話を受容する「相談面接法」などがある。面接法では、児童生徒のより深い情報を収集できる可能性がある。

　第三の質問紙検査法とは、アンケート用紙などを用いて児童生徒の特性を平均的な傾向と比較しながら理解する方法である。比較的短時間に多数の児童生徒の実態を把握することができるが、検査法に比べ高い信頼性を持たないものも多いため、学級、学年、学校といった、集団の傾向の理解に用いられる。第四の検査法とは、知能検査・性格検査などの心理検査法によって児童生徒の心理状態や学力を測定する方法である。これらの検査は標準化されているため、個人間又は集団間の比較もでき児童生徒理解をより客観的にすることができる。一方、検査法も絶対的ではないため他の資料と併せて結果を理解することが重要となる。

　第五の作品法とは、図画工作・美術・技術・家庭・体育・保健体育・音楽などを含む各教科や、運動能力、自己表現を通して児童生徒を理解する方法である。作文・日記・作品やノート類などは、児童生徒が日ごろ考えていること、感じていることが無意識に出ることがあり、児童生徒理解の大切な資料になる場合がある。第六の事例研究法とは、児童生徒の蓄積された事例を基に理解を深めていく方法である。この事例は、日々の観察記録、面接記録、調査結果、他の機関などからの情報を基に構成され、児童生徒の資料・情報の共有を通した学校の組織的な生徒指導の促進を目的としている。

　このように児童生徒理解の方法には多様な方法があるが、どれか一つで十分ではない。そのため、適宜これらの方法を組み合わせ、客観的な児童生徒理解を目指すことが教師には求められる。

(2)　児童生徒理解の留意点

　児童生徒理解を行う上で、教師が注意しなければならない点も存在する。第一は、方法・内容上の留意点である。教師は時間的制約や物理的制約がある中

で児童生徒理解を進めなければならない。そのため、一部の偏った資料のみで児童生徒を理解したと判断してしまうこともある。加えて、「ハロー効果」など教師の固定的な見方によって教師の児童生徒理解が歪むこともある。教師はこのような誤った児童生徒理解が起こる可能性を念頭に置き客観的な児童生徒理解を心がける必要がある。

第二は、実践上の留意点である。まず、児童生徒理解の前提として教師は、児童生徒や保護者、同僚の教師との日頃の信頼関係づくりが必要になる。また、児童生徒理解は児童生徒を理解しただけでは意味がない。その児童生徒理解をもとに指導する、指導に結び付いた児童生徒理解である必要がある。児童生徒の状況も常に変化し続けるため、Plan（計画）-Do（実行）-check（評価）-Action（改善）の **PDCA サイクル**のもとで、教師は常に児童生徒理解を行う必要がある。さらに、近年は児童生徒理解における「**カウンセリング**」や「**ガイダンス**」の充実が求められているため、教師はこれらの知識も身に付けておく必要がある。

第三は、児童生徒理解で困難に直面した場合である。教師─児童生徒関係は容易ではない。時間的制約がある中で、教師は一人で複数の児童生徒に対応し、「指導的な関わり」と「援助的な関わり」を同時に行わなければならない。また、近年は、児童生徒の**問題行動**も多様化・複雑化し、対教師暴力の増加も報告されている。そのような中で、教師が児童生徒理解で困難に直面する場合も少なくない。そこで必要とされるのが、「一人で抱え込まない」という姿勢である。近年は、「チーム学校」の観点のもと（文部科学省『チームとしての学校の在り方と今後の改善方策（答申）』2015 年）、生徒指導においても学内の指導体制・相談体制における連携はもちろんのこと、家庭、関係機関、地域社会といった学外との連携の必要性も指摘されている。

第四は、連携の必要性である。第 10 章で詳述するように、上記の児童生徒理解における連携の必要性に関連して、近年、教師、**スクールカウンセラー**、保護者などのチームによって児童生徒理解を進める「**心理教育的援助サービス**」が提唱されている。心理教育的援助サービスでは、チームで体系的に児童

第3章　児童生徒の心理と児童生徒理解　43

図3-1　援助資源チェックシート

田村・石隈式
(1997-2003)　【援助資源チェックシート】　　　　記入日＿＿＿＿＿＿＿＿

出典：石隈利紀・田村節子『石隈・田村式援助シートによるチーム援助入門』

図3-2 援助チームシート

【石隈・田村式援助チームシート自由版】

実施日　：　　　　　　　　　　　第　　回
次回予定：　　　　　　　　　　　第　　回
出席者名：

苦戦していること（　　　　　　　　　　　　　　　　　　　　　　　　　　）

児童生徒氏名 担任氏名		学習面 （学習状況） （学習スタイル） （学力） など	心理・社会面 （情報面） （ストレス対処スタイル） （人間関係） など	進路面 （得意なことや趣味） （将来の夢や計画） （進路希望） など	健康面 （健康状態） （身体面の様子） など
情報のまとめ	**(A)** いいところ 子どもの自助資源				
	(B) 気になるところ 援助が必要なところ				
	(C) してみたいこと 今まで行った、あるいは今行っている援助と、その結果				
援助方針	**(D)** この時点での目標と援助方針				
援助案	**(E)** これからの援助で何を行うか				
	(F) 誰が行うか				
	(E) いつからいつまで行うか				

出典：石隈利紀・田村節子『石隈・田村式援助シートによるチーム援助入門』

第3章　児童生徒の心理と児童生徒理解　45

生徒の学習面、心理・社会面、進路面、健康面をアセスメントし、個別の教育支援計画を作成する（図3-1、図3-2）。この心理教育的援助サービスは連携が必要とされる今後の児童生徒理解に有効であるため、この心理教育的援助サービスの学習が望まれる。

4. 発達障害の理解

(1) 発達障害とは

2007（平成19）年に「特別支援教育」が学校教育法に位置付けられ、すべての学校で障害のある児童生徒の支援をさらに充実することが明記された。このような中、生徒指導において「**発達障害**」が関連していると推測される援助ニーズも少なからず存在する。この発達障害は、2005（平成17）年の「発達障害者支援法」において「自閉症、アスペルガー症候群その他の広汎性発達障害、**学習障害、注意欠陥・多動性障害**その他これに類する脳機能の障害であってその症状が通常低年齢において発現するもののうち、言語の障害、協調運動の障害、心理的発達の障害、行動及び情緒の障害とされている。これらには、従来から特殊教育の対象となっている障害が含まれるほか、小・中学校の通常の学級に在籍する児童生徒が有するLD、ADHD、高機能自閉症等も含まれる。」と定義されている。この文部科学省の定義は、世界保健機関（WHO）のICD-10（疾病及び関連保健問題の国際統計分類）の診断基準によるものである。一方、もう一つの診断基準であるアメリカ精神医学会のDSM（精神障害の診断と統計の手引き）は、2013年に19年ぶりに改訂され、この中では「広汎性発達障害」が「自閉症スペクトラム障害（ASD）」、「注意欠陥多動性障害」が「注意欠如・多動性障害（ADHD)」、「学習障害」が「限局性学習障害（SLD)」と名称が変更し、診断基準も変更された。そのため、このような名称の違いには注意が必要である。

文部科学省が2012（平成24）年に実施した、『通常の学級に在籍する特別な支援を必要とする児童生徒に関する全国実態調査』では、LDのように学習面

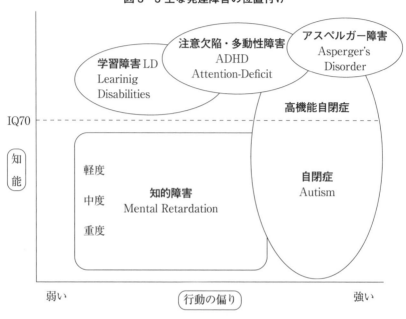

出典：菅野敦・宇野宏幸・橋本創一・小島道生（編）『特別支援教育と発達障害』

に困難のある児童生徒が4.5％、ADHDや高機能自閉症のように行動面に困難のある児童生徒が2.9％、そのいずれかもしくは両方に困難のある児童生徒が6.3％の割合で小中学校の通常の学級に在籍している。つまり、40人学級には特別な支援を必要とする児童生徒が2〜3人在籍しているという計算になる。この調査は、実際の医師の診断によるものでない点は留意する必要があるが、発達障害は生徒指導において看過できない援助ニーズの一つであると考えられる。

　この発達障害は中枢神経系に何らかの要因による機能不全があると推定される脳機能の障害である。したがってその特性は生涯持続するとされているが、特性に応じた適切な支援があれば、適応状態は改善していく。そのため、特別支援教育コーディネーターなどを中心にチーム援助を行って個別支援計画を作

図3-4 発達障害の概念図

出典:厚生労働省『政策レポート(発達障害の理解のために)』を参考に作成

成し、必要に応じて外部の専門家と連携を行うなど適切な支援を行う必要がある。また、発達障害の症状は変化することもあるため、対応の際は個々の児童生徒の「特性」として理解し対応することが大切になる。適切でない「かかわり」や「環境」は二次障害を招くこともあるため、ここでもPDCAサイクルが重要になる(『提要』)。

(2) 発達障害の特性の理解

　発達障害の児童生徒は顕著な知的な遅れがないことも多いため、教員からは能力的な遅れや偏りが分かりにくい場合もある(図3-3)。この点に発達障害の支援の難しさがある。そこで、ここでは「**広汎性発達障害**」「**学習障害**」「**注**

意欠陥・多動性障害」の特徴の基礎的な事項について概観していく（図3-4）。

広汎性発達障害（PDD：Pervasive Developmental Disorders）

広汎性発達障害は、一般に自閉症及び自閉症に近似した特徴を示す発達障害の総称とされる。この中で、自閉症は3歳位までに現れ、他人との社会的関係の形成の困難さ、言葉の発達の遅れ、興味や関心が狭く特定のものにこだわることを特徴とする行動の障害とされる。自閉症やアスペルガー症候群の児童生徒は、対人関係やコミュニケーションに質的な障害がある。そのため、相手の気持ちを推測することや自分の言動が周りに与える影響を把握できず（心の理論障害説）、他の児童生徒と同じ行動ができないことや指示に従えないことも多く見られる。そのため、対応の際は環境調整や認知行動療法などを行い、場面や状況ごとに言葉かけや対処の仕方を具体的に教えることが重要になる（『提要』）。

学習障害（LD：Learning Disabilities）

学習障害は、基本的には全般的な知的発達に遅れはないが、聞く、話す、読む、書く、計算するまたは推論する能力のうち特定のものの習得と使用に著しい困難を示すさまざまな状態とされる。この学習障害の中には、読字障害、書字障害、算数障害が存在する。学習障害の児童生徒は、全般的な知的発達の遅れはないが、できることと、できないことのアンバランスが目立つことがある。そのため対応の際は、できないことを把握すること、得意なことを把握することが重要になる。失敗経験により自信や意欲を失いかけている児童生徒に対し、得意なことやできていることを認めることで、**自尊感情**や自己肯定感を高めることが必要になる（『提要』）。

注意欠陥・多動性障害（ADHD：Attention-Deficit/Hyperactivity Disorder）

注意欠陥・多動性障害は、年齢あるいは発達に不釣り合いな注意力、及び又は衝動性、多動性を特徴とする行動の障害で、社会的な活動や学業の機能に支障をきたし、7歳以前に現れ、その状態が継続する状態とされる。ADHDの児童生徒は、基本症状（不注意、多動性、衝動性）に加え、社会

的な活動や学業の機能に支障がでるとされる。故意に不適切な行動をとるのではなく、衝動をコントロールできずに無意識に取った行動が、結果として**問題行動**につながることがある。そのため、厳しい叱責しつけにより二次障害を起こしやすく、二次障害の予防のためにも周囲からの理解と支援が必要となる。また、必要に応じて、薬物療法の利用など医療機関との連携を図ることが有効な場合もある（『提要』）。

　以上のような発達障害に対する理解は今後の生徒指導を考えるうえで、教師には欠かせないものとなる。教師はこのような発達障害の特性を正確に理解し、第10章で触れる教育相談の中で、児童生徒に適切な支援を行っていく必要がある。

　　＜参考文献＞
・文部省『生徒指導の手引き（改訂版）』（大蔵省印刷局、1981年）
・文部省『学校における教育相談の考え方・進め方―中学校・高等学校編―　生徒指導資料第21集・生徒指導研究資料第15集』（大蔵省印刷局、1990年）
・石隈利紀・田村節子『石隈・田村式援助シートによるチーム援助入門　学校心理学実践編』（図書文化、2003年）
・文部科学省『今後の特別支援教育の在り方について（最終報告）』（2003年）
・菅野敦・宇野宏幸・橋本創一・小島道生（編）『特別支援教育と発達障害』（ナカニシヤ出版、2006年）
・櫻井茂男『たのしく学べる最新発達心理学―乳幼児から中学生までの心と体の育ち』（図書文化、2010年）
・厚生労働省『政策レポート（発達障害の理解のために）』（2012年）

第4章

生徒指導体制と教師の役割

1. 生徒指導体制の確立

(1) 生徒指導の方針・基準の明確化

　生徒指導という営みをどう充実させるかは、日々、児童生徒たちと向き合っている教員個々の資質や力量に左右されることは言うまでもない。しかし、生徒指導上の諸課題は多岐にわたり、個々の教員だけで対応できるとは限らないし、生徒指導は本来、学校の教育活動全体を通じて行われるべきものである。とすれば、学校は計画的・組織的に生徒指導を推進していくことが重要であり、そのために、**生徒指導体制**を整備・確立することが必要になる。校長のリーダーリップはもとより、**校務分掌**、**学級・ホームルーム担任**や学年の連携、学校全体の協力体制、関係機関との連携など、生徒指導の全体的な仕組みが構築され、その機能が十分に発揮されてこそ、充実した生徒指導が展開できる。

　生徒指導体制を確立するためにまず必要になるのは、生徒指導の方針・基準の明確化である。すべての教職員の間で、「どのような児童生徒を育成するのか」という学校の教育目標についての共通理解を図ることはもちろん、「挨拶をきちんとする」、「きまりや約束を守る」、「遅刻や私語をしない」、「いじめは絶対に許されない」といった、生徒指導にあたっての方針や基準をはっきりと定めておく必要がある。方針や基準の設定にあたっては、学校や地域の実態を踏まえるとともに、その内容が一貫性を持ったものでなければならない。

教員の価値観・教育観は多様であり、生徒指導のあり方をめぐっても見解の相違が生じることがある。ある教師は、生徒の反抗的な態度について、これを「**問題行動**」と認識し、毅然と対応するかもしれない。一方、別の教師は同様の行動に対し、「大人になろうとして粋がっている、背伸びしている」と受け取り、寛容な対応をとる場合もあるだろう。教師には、その個性からくる「持ち味」というものがあり、学校全体で生徒指導を充実させるためには、個々の教員の「持ち味」を生かしながら、教員相互の理解と協力関係を築くことが重要である。そのためにも、学校として生徒指導の方針・基準を明確化し、これを教職員が共有していることが前提条件と言えよう。

(2) 校務分掌と生徒指導

学校全体で計画的・組織的に生徒指導を推進していくためには、校長のリーダーシップのもとに、すべての校内組織が効果的に機能しなければならない。そのため学校では、**校務分掌**の仕組みを整備する必要がある。学校教育法施行規則第43条は、「小学校においては、調和のとれた学校運営が行われるためにふさわしい校務分掌の仕組みを整えるものとする」（同規則第79条及び第104条により、中学校・高校にも準用）と規定しており、学校はすべての教職員の校務を分担する組織を有機的に編制し、その組織が有効に作用するよう整備することが求められている。

校務とは「学校運営上必要ないっさいの仕事」、すなわち、学校教育の内容、教職員の人事管理、児童生徒の管理、学校の施設・設備の保全管理に関する事務などのことであり、学校の実情に応じて校務分掌が組織されている。校務分掌の組織は学校の種類や規模などによってさまざまであり、その名称や役割分担も異なっているが、一般的には庶務会計、教務、生徒指導、保健衛生、渉外などに大別され、さらに、学年、教科・学科、委員会及びこれらの間の連絡調整を行う組織などから構成されている。このうち教務や生徒指導は、児童生徒の指導に直接関わる内容を多く含んでいることから、重要な位置付けとなっている（『提要』）。

図4-1 校務分掌組織図の例（中学校）

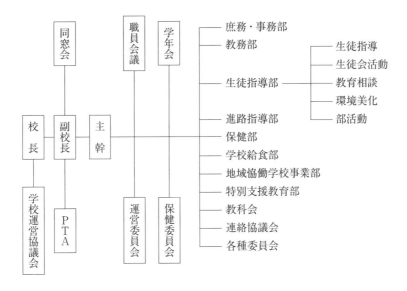

出典：文部科学省『生徒指導提要』

　校務分掌組織のうち、生徒指導を直接担当する組織は「**生徒指導部**」と呼ばれることが多い。その生徒指導部を統括し、中心的な役割を果たすのが**生徒指導主事**（第2節参照）である。ただし生徒指導は、学校の教育活動全体を通じて行われるものであり、すべての教員がその任にあたることから、それを生徒指導部だけの任務として任せきりにすることは許されない。各組織と生徒指導部は密接に連絡を取り合い、相互に協力を求めたり、援助したりしながら、連携して生徒指導を推進することが重要である。

(3) 生徒指導部の役割

　生徒指導部は、学校全体としての**生徒指導体制**を整備し、情報提供や相談業務など生徒指導に関するさまざまな活動を行っている。その主な役割を列挙すると、以下のとおりである（文部省『生徒指導の手引き』1981年）。

①生徒指導についての全体計画の作成と運営

②資料や情報、あるいは設備などの整備

③学校内外の生徒の生活規律などに関する指導

④教育相談、家庭訪問、父母面接などを含む直接的な指導

⑤学級担任・ホームルーム担任その他の教師への助言

⑥外部諸機関・諸団体・諸学校との連携や協力

⑦生徒の諸活動（特別活動の全般、部活動、ボランティア活動など）の指導

このような役割を果たしていくために、生徒指導部は他の各組織との連携を図らなければならない。たとえば、教務部との連携については、学校の教育目標や重点目標と生徒指導目標との調整、教育課程や時間割の編制に際しての生徒指導計画の組み入れなどがその内容となる。進路指導部との連携については、個々の生徒に関する情報の共有、進路指導や進学・就職のための調査書作成の協力などがある。保健部とは、児童生徒の心身の健康や悩みに関する情報の共有などといった点で連携が必要になるだろう。この他、学年会や各種委員会など、学校内のあらゆる組織と相互に協力する体制を整えておくことが大切である。

2. 生徒指導における各教員の役割

(1) 生徒指導主事の役割

生徒指導主事は**生徒指導部**の責任者として、生徒指導全般にわたる業務を担う立場にある。学校教育法施行規則第70条では、「生徒指導主事は、指導教諭又は教諭をもって、これに充てる」（第3項）とし、その職務について、「校長の監督を受け、生徒指導に関する事項をつかさどり、当該事項について連絡調整及び指導、助言にあたる」（第4項）と規定している。生徒指導主事（もしくは生徒指導担当の主幹教諭）は中学校、高校、特別支援学校などに置かれるが、小学校には生徒指導主事にあたる職の規定はない。小学校の場合、必要に

応じて生徒指導に関わる主任（生活指導主任など）が置かれることがある。

　言うまでもなく生徒指導主事には、生徒指導の意義や課題を十分に理解し、生徒指導に関する専門的知識・技能を有することなどが求められるが、具体的な役割としては、たとえば次のようなことが挙げられる（『提要』）。

①**校務分掌**上の生徒指導の組織の中心として位置付けられ、学校における生徒指導を組織的・計画的に運営していく責任を持つこと。

②生徒指導に関する専門的事項の担当者になるとともに、生徒指導部の構成員や学級担任・ホームルーム担任その他の関係組織の教員に対して指導・助言を行うこと。

③生徒指導に関する専門的事項の担当者になるとともに、生徒指導部の構成員や学級担任・ホームルーム担任その他の関係組織の教員に対して指導・助言を行うこと。

④必要に応じて児童生徒や家庭、関係機関に働きかけ、問題解決にあたること。

(2)　学級・ホームルーム担任の役割

　学級・ホームルームは学校における最も基本的な集団であり、**学級・ホームルーム担任**は、児童生徒にとって最も身近な存在であると言える。したがって、生徒指導における学級・ホームルーム担任の役割は大きい。

　児童生徒一人ひとりに対して、その行動を身近で観察したり、**問題行動**を注意・叱責したり、**教育相談**に応じたりするなど、あらゆる指導・援助を行うことはもちろん、**生徒指導主事**の指導・助言を受けて、学校全体の生徒指導上の課題に個別具体的なレベルで取り組むこと、面談や家庭訪問を通じて家庭環境や学校外での児童生徒の様子を把握し、保護者と連携をとる必要もある。

　さらに、生徒指導と学習指導の関係が有機的に結びつく必要があることを考えると、授業を担当する教科担任（小学校の場合、教科担任制が原則であるが、音楽や体育、図画工作などでは専科担当教師が担当することも少なくな

い）との連携も重要になる。学校生活の大半は授業であり、教科担任は多くの時間、児童生徒と関わることになる。児童生徒は学級・ホームルーム担任には見せない一面を教科担任の前で見せる場合があるし、その逆もある。学級・ホームルーム担任が把握しきれない情報を教科担任から得たり、逆に教科担任に情報提供したりして効果的な生徒指導を行うためにも、学級・ホームルーム担任は教科担任との連携を密にする必要がある。

(3) 養護教諭・スクールカウンセラーの役割

　近年、学校では悩みを抱えている児童生徒、特に不登校の子どもたちへの対応にあたることが多く、**養護教諭**や**スクールカウンセラー**の役割が大きくなってきている。

　保健管理、保健教育、健康相談などの業務を担う養護教諭は、全校の児童生徒を対象として、経年的に子どもたちの成長・発達を見ることが可能であり、その活動の中心となる保健室は、児童生徒にとって安心して利用できる場所でもある。心身の不調、性的問題、交友関係のトラブル、**いじめ**、虐待など、さまざまな悩みや問題を抱えた子どもたちが保健室に来室し、養護教諭と関わりをもつことになるため、養護教諭は、「児童生徒の発するサインを見逃さないようにするとともに、様々な訴えに対して、心身の健康観察や情報収集を図り、問題の背景を的確に分析することが重要」（『提要』）になる。

　養護教諭の具体的な役割としては、①児童生徒の**問題行動**の早期発見と、そのことの担任への連絡、②児童生徒の問題行動に対する身体的要因の吟味・把握、③問題をもつ心理面の治療ないし指導・助言、④性の発達や適応に関する指導、助言、⑤問題をもつ児童生徒の指導について、担任への助言と協力、⑥保健所・医療機関・関係機関などとの連携実務などがある（江川玫成「養護教諭とカウンセリングマインド」『校長・教頭実務百科第４巻　校長・教頭のための児童・生徒問題対応百科』教育開発研究所、2004年）。

　また、スクールカウンセラー（SC）は、「心の専門家」として、児童生徒などの**教育相談**に応じる臨床心理の専門家（大部分は、日本臨床心理士資格認定

協会認定の臨床心理士）である。1995（平成7）年にスクールカウンセラーを公立学校に配置する制度が導入されてから、現在に至るまで設置の拡充が図られ、特に公立中学校についてはほぼ全校配置となっている。スクールカウンセラーの主な職務は、児童生徒への**アセスメント**活動、児童生徒や保護者への**カウンセリング**活動、保護者、教職員に対する支援・相談・情報提供などであり、その際には、医療機関や**児童相談所**などの外部関係機関との連携が図られる場合もある（スクールカウンセラーの詳細については、第10章参照）。

3. 組織的・計画的な生徒指導の推進

⑴ 年間指導計画の作成と実施

　各学校では、生徒指導を推進するために、生徒指導のための**年間指導計画**（以下、指導計画）を作成し、それにしたがって具体的な取り組みが進められる。指導計画は通常、**生徒指導部**が中心となって作成され、**校務分掌**の間で実施される。

　指導計画の作成にあたっては、まず、生徒指導の基本方針・目標を明確化し、それを計画の中に位置付けることが重要になる。指導計画の項目や形式は学校によって異なるが、指導する「時期」と「内容」は的確に記す必要があり、生徒指導をより充実させるために、毎年、「時期」と「内容」について十分な検討を加え、計画の改善を図っていくことが重要である（『提要』）。図4－2は、指導計画の一例である。

　指導計画の作成は生徒指導部が中心となるが、全校体制で生徒指導にあたるためには、全教職員が関わることが望ましい。このことにより、教職員一人ひとりが当事者意識をもちつつ、組織的に生徒指導に取り組むことができる。次項で述べるような、生徒指導のための教員研修を指導計画に組み入れることも必要になろう。さらに、家庭や地域などと連携して生徒指導にあたるために、指導計画には、家庭や地域に関する項目や地域の行事を取り入れたり、指導計画の内容を家庭や地域に発信したりするなどの工夫も求められる。

図4-2　生徒指導年間計画の例（中学校）

月	主な行事	指導の重点	具体的事項
4	始業式 入学式 委員会構成	新しい生活への対応	・生徒理解に努める ・学級づくりの意欲を喚起させる ・生活の決まりを理解させ、徹底を図る ・連休の過ごし方について指導を行う
	携帯安全教室	ケータイ電話のマナーを知る	・フィルタリングについて ・チェーンメールの恐ろしさ ・なりすましメールについて
5	ゴールデンウィーク 中間テスト	基本的生活習慣の確立	・日々の生活の見直しをさせる ・委員会や係活動を活性化させる ・初めての定期テストに向けて計画的に取り組ませる
6	衣替え 学校総合 　体育大会 体育祭	規律ある安全な生活態度	・衣替えを機会に服装について指導を行う ・教室環境の整備に努める ・梅雨期の健康管理および室内の過ごし方の指導を行う ・運動部は、大会を通じて仲間と協力し最後まで粘り強く活動する態度を育てる
7	期末テスト 非行防止教室 終業式	非行防止 学期の反省、夏休みに向けて	・万引きや街中の誘惑の危険について学習する ・一人一人の生活を把握し、夏休みの生活が有意義に送れるように適宜指導する ・一学期を反省し、夏休みの計画を立てさせる ・夏休みの生活について諸注意を与える
8	夏期休業 始業式	規則正しい生活 部活動での活躍	・事故防止に努めさせる ・部活動に積極的に参加するように指導する ・家事を手伝い、家族の一員としての自覚を持たせる
9	未来くるワーク 校外学習 新人戦	集団生活の充実	・働くことの意義を考える。 ・夏休みの反省と生活の見直しをさせる ・夏休み中に生じた生徒の心身の変化を把握する ・運動部は、大会を通じて仲間と協力し最後まで粘り強く活動する態度を育てる
10	生徒会認証式 新人戦 中間テスト 合唱コンクール	リーダーの育成	・生徒会役員や学級役員の改選に際し、積極的に参加する態度を育てる ・生活の決まりを再度徹底する ・学習方法を見直し、よりよい方法を工夫させる ・集団で協力し、一つのものを作り上げる態度を育てる。
11	期末テスト 全校三者面談	心身の鍛練 教育相談の充実	・学級の諸活動を活性化させる ・校舎内外の整頓と美化に努めさせる
12	終業式 冬季休業		・冬の健康指導を行い、健康管理の徹底を図る ・冬休みの計画を立てさせ、有意義に過ごせるように指導する ・1年間の反省をし、来年への向上に意欲を持たせる
1	始業式 県内私立入試	基本的生活習慣の再確認	・新年を迎え、新しい希望を持って一年間の計画を立てるよう指導する ・冬休み中の生徒の生活を把握し、三学期の指導に生かす ・クラス目標を再度確認し、クラス目標達成に努力させる
2	1年スキー実習 修学旅行	将来を見つめて	・落ち着きのある学校づくりに努める ・進路指導についての情報交換を行う
3	学年末テスト 公立学検 球技大会 三送会・卒業式 修了式 学年末休業	一年間を振り返って	・一年間の学級生活を反省し、来年度に対する希望や決意を持たせる ・お互いの人格を尊重し、自己の将来を見つめさせる ・卒業生を心から送る態度を身につけさせる ・春休みの計画を立てさせ、有意義な生活が送れるよう指導する

出典：http://tokiwa-j.saitama-city.ed.jp/houkoku/keikaku.pdf

(2) 教員研修の実施

　言うまでもなく、教員には不断の研究と修養（研修）が不可欠であり、その重要性に鑑みて、**教育基本法**第9条は「法律に定める学校の教員は、自己の崇高な使命を深く自覚し、絶えず研究と修養に励み、その職責の遂行に努めなければならない」と規定している。このことは生徒指導においても例外でなく、すべての教員が問題意識や生徒指導の目標・方針などを共有し、学校全体で一丸となって生徒指導上の複雑で多様な教育課題を解決していくためには、教員一人ひとりが生徒指導に関する研修に主体的に取り組むことが重要になる。

　教員研修は校内研修と校外研修に大別される。校内研修には、全教員が参加して行う研修と、校務分掌に基づいて特定の教員（生徒指導担当教員など）だけで行う研修があり、前者では、たとえば次のようなことが協議題となる（『提要』）。

　　①学校を取り巻く状況の共通理解や生徒指導上の重点事項に関する協議
　　②生徒指導に関する年間の計画や共通理解事項に関する協議
　　③指導後の成果の総括や今後の課題に関する協議
　　④必要に応じた外部講師などを招へいした研修の実施
　　⑤教員一人一人の力量を高める参加型研修の実施

　一方、特定の教員によって行われる校内研修では、より専門的な内容について知識・理解を深めたり、特定の問題についての対応を具体的に協議したりすることが一般的である。

　校外研修は、主に教育委員会（教育センター）によって実施され、生徒指導主任など校内のリーダー層を対象に、その資質能力の向上を図ることや生徒指導に関する新しい理論や情報が提供される。また、初任者研修や中堅教論等資質向上研修などで生徒指導に関する内容を盛り込み、すべての教員が生徒指導上の資質や能力を磨くことが目指されている。

＜参考文献＞

・文部省『生徒指導の手引き（改訂版)』（大蔵省印刷局、1981 年）

・江川玫成編『校長・教頭実務百科第 4 巻　校長・教頭のための児童・生徒問題
　対応百科』（教育開発研究所、2004 年）

・窪田眞二・小川友次編『2019 年版　教育法規便覧』（学陽書房、2019 年）

第5章

法制度と生徒指導

1. 児童生徒の懲戒と体罰

(1) 懲戒の種類

　児童生徒の言動に何らかの問題があるときに教師が**懲戒**に及ぶこと、すなわち児童生徒を叱責したり、処罰を与えたりすることは、学校生活でよく見られることである。言うまでもなくこれは、学校の秩序を維持し、学校の教育目的を達成するために、必要に応じて教師が一定の教育的配慮のもとに行うものである。児童生徒に対する懲戒権について、**学校教育法**第11条は次のように規定している。

　〈学校教育法第11条〉
　「校長及び教員は、教育上必要があると認めるときは、文部科学大臣の定めるところにより、児童、生徒及び学生に懲戒を加えることができる。ただし、体罰を加えることはできない。」

　このように、校長及び教員には、「教育上必要があるとき」という条件付きで、児童生徒に懲戒を加えることが認められている。「文部科学大臣の定めるところにより」というのは、具体的には、文部科学省令である学校教育法施行規則第26条を指しており、「校長及び教員が児童等に懲戒を加えるにあっては、児童等の心身の発達に応ずる等教育上必要な配慮をしなければならない」

表 5 - 1　退学と停学の適用

	退学	停学
公立の義務教育諸学校	×	×
国立・私立の義務教育諸学校、 公立中等教育学校（前期課程）・併設型中学校	○	×
高等学校	○	○

出典：学校教育法施行規則第 26 条などに基づき、筆者作成

と規定している。また、但書として**体罰**の禁止を謳っているが、これについて
は、次項で具体的に述べることにしたい。

　さて、児童生徒に対する懲戒は、「事実行為としての懲戒」と「処分として
の懲戒」の二つに大別される。前者は叱責、起立、罰当番など日常的な教育活
動に見られる法的効果を伴わない懲戒であり、校長又は教員が行うものであ
る。後者は、校長の専決事項として法定されている懲戒処分で、**退学**、**停学**、
訓告の三つがある。

　退学は、卒業以前に児童生徒の在学関係を終了させること、停学は一定期
間、児童生徒の登校を停止すること、訓告は、その行為を自戒させて反省を促
し、将来を戒めることである。このうち退学と停学は、学校教育を受けるとい
う児童生徒としての法的地位に変動をきたす法的効果を伴う懲戒であるが、義
務教育保障の観点から、退学については、公立の義務教育諸学校（小・中学
校、義務教育学校、特別支援学校）に在籍する児童生徒には適用されない。ま
た、停学については、国・公・私立を問わず、義務教育諸学校に在籍する学齢
児童生徒には適用されないことになっている。

　また、学校では、懲戒処分に至らない措置として、「反省指導」や「謹慎」、
「退学勧告（勧奨）」といった措置がとられることがある。これは個々の児童生
徒の抱える問題の解決を期して行う教育的指導の一環であり、教育的措置ある
いは生徒指導上の措置などとよばれる。教育的措置は、処分としての懲戒とは
異なり、通常、**指導要録**には記載されない。

(2) 懲戒権の限界―体罰の禁止―

　前述のとおり、校長及び教員の懲戒権を認めた**学校教育法**第11条では、但書として**体罰**の禁止を規定している。日本の学校制度において体罰禁止の歴史は古く、1879（明治12）年に制定された「教育令」第46条では、「凡学校ニ於テハ生徒ニ体罰（殴チ或ハ縛スルノ類）ヲ加フヘカラス」と規定していた。また、1900（明治33）年改正の「小学校令」第47条は、「小学校長及教員ハ教育上必要ト認メタルトキハ児童ニ懲戒ヲ加フルコトヲ得但シ体罰ヲ加フルコトヲ得ス」と規定している。条文から明らかなように、この規定の延長線上にあるのが、現在の学校教育法第11条である。

　このように以前から学校での体罰は法令で禁じられていた。しかし実際には、その実効性が乏しく、学校現場では体罰が許容されてきたという実態がある。特に、1970年代半ばから80年代の日本では、学校・子どもの荒れが社会現象となり（＝「**教育荒廃**」現象）、この時期に体罰が横行した。**校内暴力**や少年犯罪の頻発という事態に対して、全国の多くの学校では生徒指導の態勢を強化し、一部の学校では、厳しい校則による締め付けや体罰による押さえ込みといった厳格な生徒指導がなされた。保護者やマスコミは、体罰の行使も辞さない学校の強硬的な態度を「管理教育」と呼んで批判した。一般的な学校で起きた事件ではないが、1983（昭和58）年には、暴力をふるう少年らをスパルタ主義の訓練で立て直すことを標榜していた戸塚ヨットスクールで、13歳の訓練生が体罰を受けて死亡するという事件が起きている。

　2012（平成24）年12月には、大阪市立桜宮高校でバスケットボール部主将の男子生徒が部顧問の教諭から体罰を受け、その翌日、これに対する不満を訴える手紙を残して自殺するという事件が発生した。その後、教諭は懲戒免職となり、傷害と暴行の罪で起訴され、大阪地方裁判所は懲役1年執行猶予3年の判決を言い渡した。この事件以降、全国の学校現場やスポーツ界でも体罰が行われていた実態が相次いで明らかとなり、体罰は深刻な社会問題として再びクローズアップされたのである。

　この事態を受けて文部科学省は、各都道府県などに対して体罰の実態把握調

査を行い、児童生徒や保護者にアンケートをとるなど綿密な調査を実施した。その結果、体罰の発生件数は 6,721 件となり（文部科学省「体罰の実態把握について（第 2 次報告）」2013 年 8 月）、前年度調査（404 件）の 17 倍近くに増加したのである。文部科学省はこの結果を踏まえ、改めて体罰根絶に向けた取組の徹底を通知した（文部科学省「体罰根絶に向けた取組の徹底について（通知）」2013 年 8 月）（→「資料編」参照）。

　学校での体罰禁止を法令で規定しているにもかかわらず、体罰事件が後を絶たない大きな要因の一つには、体罰を肯定的に捉える意識が世間に浸透していることが挙げられる。「『愛のムチ』として体罰を行使するなら問題ない」、「怪我をしない程度の体罰は必要である」などというように、体罰に一定の意義を認めたり、程度に応じて体罰を容認したりする傾向は、特に児童生徒による問題行動への対応に苦慮している学校・保護者ほど顕著かもしれない。実際、体罰を容認したくなるような生徒指導上の問題があることは確かである。

　しかし、学校における体罰は学校教育法で明確に禁じられており、そもそも体罰はその「是非」を論じるものではない。体罰禁止が法定されているのには理由がある。体罰は「力による解決」への志向を助長させることにつながるし、社会で許されない暴力行為が学校で許されるはずはない。

　桜宮高校の体罰事件に明らかなように、体罰を行使した場合、刑事上、民事上の責任を問われることがある。刑事上の責任としては、暴行罪、傷害罪などが多く、民事上の責任は治療費などの損害賠償（公立学校の場合は国家賠償法、私立学校の場合は民法による請求）になる。加えて公務員の場合、地方公務員法に基づく懲戒処分という形で、行政上の責任が問われることがある。

　体罰に依拠しない教育には、教師としての専門的力量の向上、教師と児童生徒の信頼関係の構築が重要になることは言うまでもない。こういったことを基盤に、教育的かつ効果的な**懲戒**の運用が求められる。

⑶　「体罰禁止」の解釈と運用

　それでは、何をもって「**体罰**」といえるのか。体罰に該当するか否かの線引

第5章 法制度と生徒指導 65

┌─ コラム：元巨人軍・桑田真澄氏の体罰不要論 ─┐

　私は、体罰は必要ないと考えています。「絶対に仕返しをされない」という上下関係の構図で起きるのが体罰です。監督が采配ミスをして選手に殴られますか？　スポーツで最も恥ずべきひきょうな行為です。殴られるのが嫌で、野球を辞めた仲間を何人も見ました。スポーツ界にとって大きな損失です。

　指導者が怠けている証拠でもあります。暴力で脅して子どもを思い通りに動かそうとするのは、最も安易な方法。昔はそれが正しいと思われていました。でも、例えば、野球で三振した子を殴って叱ると、次の打席はどうすると思いますか？　何とかしてバットにボールを当てようと、スイングが縮こまります。「タイミングが合ってないよ。他の選手のプレーを見て勉強してごらん」。そんなきっかけを与えてやるのが、本当の指導です。

　（中略）

　体罰を受けた子は、「何をしたら殴られないで済むだろう」という思考に陥ります。それでは子どもの自立心が育たず、自分でプレーの判断ができません。

　殴ってうまくなるなら誰もがプロ選手になれます。私は、体罰を受けなかった高校時代に一番成長しました。「愛情の表れなら殴ってもよい」と言う人もいますが、私自身は体罰に愛を感じたことは一度もありません。

『朝日新聞』2013（平成25）年1月12日（朝刊）

きはどのように考えればよいのだろうか。**学校教育法**第11条但書の体罰禁止規定の解釈と運用については、1948（昭和23）年に出された法務庁（現法務省）法務調査意見長官の「児童懲戒権の限界について」（回答）、翌1949（昭和24）年に出された法務府（現法務省）発表の「生徒に対する体罰禁止に関する教師の心得」などに示されてきたが、これらを踏まえて文部科学省は、2007（平成19）年2月に「学校教育法第11条に規定する児童生徒の懲戒・体

罰に関する考え方」（以下、「考え方」）を新たに示した。

この「考え方」は、文部科学省通知「問題行動を起こす児童生徒に対する指導について」の別紙として示されたもので、**懲戒・体罰の解釈と運用をめぐる**ガイドライン的な役割を果たしてきた。しかし、桜宮高校の体罰事件を受けて、文部科学省は、「懲戒と体罰の区別等についてより一層適切な理解促進を図る」ため、2013（平成25）年3月に「体罰の禁止及び児童生徒理解に基づく指導の徹底について（通知）」（以下、「通知」）及び別紙「学校教育法第11条に規定する児童生徒の懲戒・体罰等に関する参考事例」（以下、「参考事例」）を出した（→「資料編」参照）。「通知」では、「懲戒、体罰に関する解釈・運用については、今後、本通知による」としている。教員はまず、この「通知」を十分参考にして、生徒指導に当たる必要がある。

「通知」では、体罰に該当するかどうかは「当該児童生徒の年齢、健康、心身の発達状況、当該行為が行われた場所的及び時間的環境、懲戒の態様等の諸条件を総合的に考え、個々の事案ごとに判断する必要がある。この際、単に懲戒行為をした教員等や、懲戒行為を受けた児童生徒・保護者の主観のみにより判断するのではなく、諸条件を客観的に考慮して判断すべきである」としている。その上で、「懲戒の内容が身体的性質のもの、すなわち、身体に対する侵害を内容とするもの（殴る、蹴る等）、児童生徒に肉体的苦痛を与えるようなもの（正座・直立等特定の姿勢を長時間にわたって保持させる等）にあたると判断された場合は、体罰に該当する」とした。体罰と考えられる行為の具体例については、「参考事例」に列挙されている。

また、「通知」は、「児童生徒から教員等に対する暴力行為に対して、教員等が防衛のためにやむを得ずした有形力の行使」や「他の児童生徒に被害を及ぼすような暴力行為に対して、これを制止したり、目前の危険を回避したりするためにやむを得ずした有形力の行使」は正当防衛、正当行為であり、体罰には該当しないことも指摘している。

さらに、部活動の指導についても言及しており、「部活動は学校教育の一環であり、体罰が禁止されていることは当然」としながら、「指導と称し、部活

動顧問の独善的な目的を持って、特定の生徒たちに対して、執拗かつ過度に肉体的・精神的負荷を与える指導は教育的指導とは言えない」と述べている。中学校や高校では「部活動」での体罰が最も多く報告されていることから、特に、部活動指導のあり方に留意することが求められているのである。

2. 出席停止

(1) 「出席停止」という措置

出席停止は、他の児童生徒に悪影響を及ぼすことが明らかな場合に限って行われるもので、①**性行不良**による出席停止、②**感染症**による出席停止、の二つがある。①は、性行不良で他の児童生徒の妨げになる者について、その保護者に対して市町村教育委員会が命じるものであり、原則的には公立小中学校及び義務教育学校に限定して適用される。②は、感染症の患者及び被疑者の児童生徒がある場合に校長が行うものであり、その適用は義務教育諸学校に限定されない。

(2) 性行不良による出席停止

性行不良による**出席停止**は本人の**懲戒**という観点ではなく、学校の秩序を維持し、他の児童生徒の教育を受ける権利を保障するという観点から行われる。その意味で懲戒処分である「**停学**」とは異なる。2001（平成 13）年の**学校教育法**一部改正により、出席停止の適用要件と手続きの明確化が図られるとともに、文部科学省により「出席停止制度の運用の在り方について（通知）」が出された。性行不良による出席停止については、学校教育法第 35 条に規定されている。以下は、出席停止の適用要件を規定した同条第 1 項である。

〈学校教育法第 35 条〉
　市町村の教育委員会は、次に掲げる行為の一又は二以上を繰り返し行う等性行不良であつて他の児童の教育に妨げがあると認める児童があるときは、

その保護者に対して、児童の出席停止を命ずることができる。

　　一　他の児童に傷害、心身の苦痛又は財産上の損失を与える行為

　　二　職員に傷害又は心身の苦痛を与える行為

　　三　施設又は設備を損壊する行為

　　四　授業その他の教育活動の実施を妨げる行為

　本条項では、まず、「性行不良であること」、「他の児童生徒の教育に妨げがある」という二つの基本的要件を示した上で、「性行不良」に該当する行為を4つのパターンとして例示している（出席停止の4要件）。この「4要件」のうちいずれかを、一つ又は二つ以上繰り返した場合に出席停止の適用が可能となり、学校はその適用を検討した上で、出席停止を命じる権限をもつ市町村教育委員会に報告することになる。

　出席停止を命じるにあたり、市町村教育委員会は、あらかじめ保護者の意見を聴取するとともに、理由・期間を明示した文書を交付する義務がある（学校教育法第35条第2項）。出席停止を命じる際は、教育長などの関係者または校長、教頭が立ち会い、保護者、児童生徒を同席させて出席停止を命じた趣旨を説明するといった配慮が求められる。また、出席停止は教育を受ける権利に関わる措置であるので、あまり長期にならないよう留意する必要がある。

　さらに、出席停止期間中は、当該児童生徒の「学習に対する支援その他の教育上の必要な措置を講ずる」（同第4項）とされている。学校は教育委員会と連携して当該児童生徒が円滑に学校に復帰するよう、指導・支援に努める必要がある。ただ、「教師が他の生徒の指導をしながら、家庭訪問して出席停止の生徒の支援をきめ細かく行うことは極めて難しい」（河上亮一「もはや問題生徒に理想論では対処不能—義務教育には『停学』が必要」『日本の論点2002年版』文藝春秋、2001年）ことも事実であり、学校は保護者や関係機関との連携を図りながら対応していく必要がある。

⑶ 感染症による出席停止

　校長は、**感染症**にかかっており、かかっている疑いがあり、又はかかるおそれのある児童生徒などがある時に、出席を停止することができる（学校保健安全法第19条）。感染症の定義及び種類については、「感染症の予防及び感染症の患者に対する医療に関する法律」（感染症予防法）第6条に示されている。

　感染症による**出席停止**の指示は、理由・期間（期間は感染症の種類によって異なる）を明示して、児童生徒の保護者（高校の場合は当該生徒）に対して行い、その旨を書面で学校の設置者（教育委員会とすることが多い）に報告する（同法施行令第6条、第7条）。また、学校の設置者は、感染症患者や被疑者の児童生徒があると校長が判断した場合、保健所と連絡するものとされている（同法第18条及び同法施行令第5条）。

3. 校則・少年法と生徒指導

⑴ 校則

　各学校では、児童生徒が健全で充実した学校生活を送り、よりよく成長していくための行動指針として、「**校則**」が定められている。校則は、学習上・生活上心得るべき事項を定め、学校としての生徒指導の大綱となる原則を示した学校内規の一種であり、「生徒心得」、「生徒規則」、「生活のきまり」などと呼ばれている。校則は学校の秩序維持だけでなく、児童生徒の規範意識を育成し、社会性を身に付けさせるためにも、重要な意味をもっている。

　校則の制定根拠についてはさまざまな説があり、校則をめぐる裁判例においても見解が一致しているわけではない。多くの裁判例が示すところでは、社会通念上、合理的と認められる範囲内で、学校長が児童生徒を規律する校則を定める包括的な権能をもつとされており、校則の内容についても学校の専門的な判断が尊重され、幅広い裁量が認められている。

　校則には、通学（登下校の時間、自転車・オートバイの使用など）、校内生活（授業時間、給食、挨拶など）、服装・髪型（制服の着用、パーマ・脱色、

化粧など）、所持品（不要物、金銭など）、欠席や早退などの手続き、欠席・欠課の扱い、考査、校外生活（交通安全、遊び、アルバイトなど）に関するものなどがある。このうち、服装・髪型に関する校則については、日本国憲法に規定する「表現の自由」（第21条）にかかわる問題であり、本来は各人の市民的自由に属する事項でもあるので、法廷でその是非が争われることも少なくない（たとえば、「熊本男子中学生丸刈り事件」、「千葉女子中学生制服着用事件」、「私立修徳高校（東京）パーマ事件」など）。

　校則を制定する権限は、学校運営の責任者である校長にある。しかし、子どもたちが充実した学校生活を送るためにこそ校則があるとすれば、その内容に児童生徒や保護者の意見が反映されることも大切であろう。児童生徒が自主的に校則を守ることや自律的に行動することにつながるからである。校則は、児童生徒や保護者の意見、学校や地域の実情などを踏まえながら、不断に見直していくことが必要である。

(2)　少年法上の非行少年

　児童生徒の問題行動のうち、社会規範に反する行動（**反社会的行動**）を「**非行**」と呼ぶことがある。「非行」は、親（保護者）や教師への反抗、怠学、深夜徘徊などを意味する言葉として多義的に用いられているが、本来は法律的な概念であり、「**少年法**」（1948年制定）第3条に定める行為をさす。教師は、この点をよく理解して生徒指導にあたる必要があり、場合に応じて、警察などの関連機関との連携が求められる。

　「少年法」は、**非行少年**（同法において、「少年」は20歳未満の者をいう）を、①罪を犯した少年（**犯罪少年**）、②14歳に満たないで刑罰法令に触れる行為をした少年（**触法少年**）、③一定の事由があって、その性格又は環境に照らして、将来、罪を犯し、又は刑罰法令に触れる行為をする虞のある少年（**虞犯少年**）の三つに分類し、**家庭裁判所**の審判に付すべき対象と定めている。刑法第41条は「14歳に満たない者の行為は、罰しない。」とし、刑事責任年齢を14歳以上としているため、同じ罪を犯したとしても、14歳以上なら「犯罪少

第 5 章　法制度と生徒指導　71

図 5-1　非行少年処遇の概要

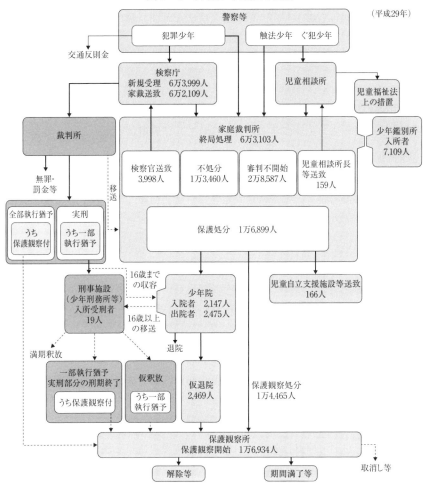

注　1　検察統計年報、司法統計年報、矯正統計年報及び保護統計年報による。
　　2　「検察庁」の人員は、事件単位の延べ人員である。例えば、1人が2回送致された場合には、2人として計上している。
　　3　「児童相談所長等送致」は、知事・児童相談所長送致である。
　　4　「児童自立支援施設等送致」は、児童自立支援施設・児童養護施設送致である。
　　5　「出院者」の人員は、出院事由が退院又は仮退院の者に限る。
　　6　「保護観察開始」の人員は、保護観察処分少年及び少年院仮退院者に限る。

出典：法務省『平成30年度版　犯罪白書』

年」、14歳未満であれば「触法少年」になる。

　なお、実行犯以外の少年についても「虞犯」という理由で補導できるように
しているのは、少年の健全育成を目的とした少年法の「保護主義」という理念
の現れである。

(3)　非行少年の処遇

　非行少年のうち、**犯罪少年**の事件については、**家庭裁判所**（以下、家裁）に
送致されるのが原則であるが、事件によっては検察官に送致される。**触法少年**
の事件については、まず**児童相談所**に通告され、児童相談所が家裁での審判が
必要と判断した場合に、家裁に送致される。**虞犯少年**の事件については、少年
の年齢によって異なり、18歳以上の少年は家裁送致、14歳未満の少年は児童
相談所に通告、14歳以上18歳未満の少年は、児童相談所への通告もしくは家
裁送致のいずれかが選択される。

　犯罪を行った成人については、その制裁として刑罰を科すのが一般的である
のに対し、少年については、更正に向けた教育的な働きかけが重視されてい
る。したがって、家裁では法律的な枠組みだけで結論を出さずに、少年の性格
や家庭環境などを幅広く調査し、非行の原因を探りながら処遇が決定される。
その際、特に心理学や教育学などの観点から専門的に調査を行う**家庭裁判所調
査官**が重要な役割を果たしている。

　家裁で少年審判が行われ、非行事実と要保護性（保護に欠けた状態）が認定
された場合には、立ち直りのための教育的な処遇である「**保護処分**」が科され
る。「保護処分」には、保護観察所の保護観察、児童自立支援施設又は児童養
護施設送致、少年院送致の三つがある（**少年法**第24条）。このうち、保護観察
は、少年に通常の生活を送らせながら、保護観察官や保護司の指導を受けさ
せ、社会の中で更正を図ろうとするものである。

＜参考文献＞
・江森一郎『体罰の社会史』（新曜社、1989年）

第 5 章　法制度と生徒指導　73

・下村哲夫『定本　教育法規の解釈と運用』（ぎょうせい、1995 年）
・法務省法務総合研究所『平成 30 年版　犯罪白書』（昭和情報プロセス、2018
　年）

第6章

児童生徒の問題行動と教師の対応

1. 問題行動とは何か

(1) 「問題行動」の定義と判断基準

　生徒指導の日常的な活動として多くを占めるのが、児童生徒の**「問題行動」**への対応である。では「問題行動」とは何だろうか。生徒指導上、どのような行動が「問題」とされるのだろうか。文部省（現文部科学省）の資料によれば、問題行動とは「何らかの観点から問題視される行動」（文部省『生徒の問題行動に関する基礎資料』1978年）と定義されている。この定義に従えば、「問題行動」なるものが最初から存在するのではなく、観点の違いによって、その行動が問題行動とされたりされなかったりする、ということになる。

　たとえば、「喫煙する」という行為はどうだろうか。小・中学生や高校生が喫煙していたら、それは明らかに問題行動である。日本では、**未成年者喫煙禁止法**により未成年者の喫煙を禁じていることから、法的な観点からして問題なのである。同じ喫煙行為であっても、未成年でなければ法的には何ら問題はなく、その意味では問題行動ではない。しかし、成年であっても医学的な観点からすれば、喫煙は健康上問題があるとされており、その意味では、成年者の喫煙行為も問題行動と言えなくはない。アンチスモーカー（嫌煙家）からすれば、喫煙行為はすべて問題行動であろう。

　では、「親や教師に対する生徒の反抗的態度」はどうだろう。常識的には、親や教師に反抗的態度を取ることは決して好ましいことでなく、これを放置す

れば、エスカレートして暴力行為などに及ぶ可能性もある。その意味では、これは問題行動である。しかし、思春期における自我形成という観点からすれば、この反抗的態度は正常の発達段階を踏んでいることになり、その意味では問題行動ではない。つまり、「問題行動」は相対的な概念である。他にも、児童生徒の問題行動に対する捉え方は、教師、親（保護者）、友人、医者、警察官、カウンセラーなど、それぞれの立場の違いによって変わってくる場合がある。

　このように、ある行動を問題行動として取り上げる場合には、「だれが（人）」、「何を（内容）」、「どのように（程度、基準）」問題としているかを明らかにすることが必要であり、それによって、問題行動の特徴が浮き彫りになる。問題行動であるかどうかの判断基準としては、たとえば、次のような基準を挙げることができる（吉田辰雄編著『最新　生徒指導・進路指導論―ガイダンスとキャリア教育の理論と実践』図書文化社、2006年）。

①発達的基準：児童生徒の発達段階に対応した行動であるか否か
②統計的基準：児童生徒が所属する集団の平均からマイナスのほうに極端に逸脱しているか否か
③医学的基準：医学的な診断基準から見て病的症状が見られるか否か
④価値的基準：社会的・文化的価値基準から見て適合しているか否か
⑤環境的基準：児童生徒の成長・発達を阻害し、不利益をもたらしているか否か

　教師が児童生徒の問題行動に対して適切な対応をとるためには、このような基準に照らしながら、児童生徒の行動を多角的かつ総合的に観察することが必要になる。問題行動は大別して、①**反社会的行動**と②**非社会的行動**の二つに分類することができるが、その原則的な対応は異なっている。次節以下では、問題行動の二つのタイプについて説明しよう。

第6章　児童生徒の問題行動と教師の対応　77

⑵　反社会的行動（antisocial behavior）

　反社会的行動（antisocial behavior）とは、社会秩序に反発し、社会規範から逸脱した行動のことである。具体的には、たとえば、**校内暴力**、家庭内暴力、**いじめ**、薬物乱用、喧嘩、家出、凶器所持、怠学、金銭乱費、窃盗、傷害、飲酒、喫煙、深夜徘徊、たかり、いたずら、不良交友などを挙げることができる。人間は何らかの問題を抱えてそれが解決に至らない場合、欲求不満の状態に置かれるが、通常はこの欲求不満を制御することが可能である。これを**欲求不満耐性**と呼んでいる。しかし、欲求不満が積み重なり、精神的な緊張が高まって、欲求不満耐性を超えてしまうと攻撃的になり、これが反社会的行動に結びついていく。また、もともと欲求不満耐性が低い者は、自らの感情をうまく統制できず、自己中心的になったり、すぐに「キレ」たりするので、反社会的行動をとりやすい。

　反社会的行動に対しては、**父性原理**で対応することが原則である。父性は物事を「切断」し、「分離」していく機能を持っている。たとえば、やって良いことと悪いこと（善と悪）を明確に切り分け、悪いことをした場合には、厳格に指導するというのが父性原理に基づく対応である。ただ、児童生徒の反社会的行動は、発達過程における自我の表出である場合、すなわち、大人でありたいと背伸びしている場合もある。したがって、発達の芽を摘まないためには、必ずしも厳格な対処だけが望ましいわけではない。

⑶　非社会的行動（asocial behavior）

　一方、**非社会的行動**（asocial behavior）とは、社会的関心を抑圧し、社会的な接触を自ら避けようとする行動のことであり、たとえば、孤立、無口、内気、臆病、**不登校**、引きこもり、自殺企図、無気力、退行（赤ちゃんがえり）などといった行動を挙げることができる。非社会的行動は、**反社会的行動**のように、社会に対して迷惑をかけたり、危害を加えたりすることは多くないが、引きこもりの状態が家庭内暴力や薬物乱用を誘発するといったように、非社会的行動が反社会的行動に移行する場合もある（逆に反社会的行動が非社会的行

動に移行する場合もある）。

　非社会的行動の背景には、依存性の強さ、自我や社会性の発達の未熟さ、家庭の養育態度（父親の心理的不在、母親中心の過保護・過干渉）などが指摘されている。非社会的行動の程度にはかなりの差異があり、日常の生活においてあまり問題視しなくてもよいものから、医師などによる専門的治療・指導を要するものまでさまざまであるが、いずれも原則的には**母性原理**で対応する必要がある。母性はすべてのものを「包み込む」という機能にその特性があり、たとえば、**教育相談**などの活動において、児童生徒に受容的な態度で接することが母性原理に基づく対応になる。これは、子どもたちの自立を促すという意味では問題があるものの、非社会的行動は不安に起因することも多いことから、まずは子どもたちを受容し、「見守る」姿勢が求められる。

2. 問題行動の変遷

(1) 校内暴力・いじめ

　問題行動のうち、戦後における**少年非行**の推移については第7章で詳述しているので、ここでは、「**教育荒廃**」現象が広まった1980年代以降の問題行動の変遷について見ておきたい。

　校内暴力やいじめ、**不登校**のように、学校教育にかかわる問題が構造的に生じている状況を「**教育荒廃**」（あるいは「**学校病理**」）と呼ぶが、こういった現象は1970年代後半から全国的に顕著に見られるようになった。まず、学校に対する子どもたちの反抗的行動として校内暴力が目立つようになり、学校が荒れ始めたのである。校内暴力は、70年代半ばから各地の中学校で発生し始め、80年代に入って急激に増加した。

　1983（昭和58）年2月には東京都町田市の忠生中学校で、「荒れる学校」を象徴するような事件が発生した。英語担当の男性教師が、金属製玄関マットを振り上げて襲ってきた3年生の生徒を果物ナイフで刺し、全治10日間の怪我を負わせたのである。忠生中学校では事件の半年程前から校内暴力が頻発し、

この男性教師は「不良少年」グループの標的になっていた。この事件に対するマスコミ報道は総じて学校側の責任を追及するものであったが、生徒の暴力に耐えかねた教師の「正当防衛」とも見られた。

　荒れたのは学校の中だけではない。金属バット殺人事件（1980年11月）や、横浜市ホームレス襲撃事件（1983年2月）のように、80年代は世間の注目を集める少年事件が頻発した。校内暴力や少年犯罪の頻発という事態に対し、全国の多くの学校では生徒指導の態勢を強化した。一部の学校では、厳しい**校則**による締め付けや**体罰**による押さえ込みといった厳格な生徒指導がなされ、これが保護者やマスコミから「管理教育」との批判を浴びることになる。前章で述べたように、1983（昭和58）年6月には、戸塚ヨットスクールで、13歳の訓練生が「体罰」を受けて死亡するという事件も発生している。そして、校内暴力がいったん沈静化に向かうと、今度は、いじめが新たな社会問題となった（いじめについては第8章で詳述）。

　中野富士見中学校いじめ自殺事件（1986年2月）のように、いじめが社会問題化したのは、80年代の半ばからである。90年代に入ってからも、いじめは解決の兆しを見せず、山形マット死事件（1993年1月）や西尾市東部中学校いじめ自殺事件（1994年11月）に見られるように、一層深刻化した。

　校内暴力などとは異なり、いじめは可視性（visibility）が低く、その実態を把握することが非常に困難である。そのため、いじめという問題が表面化して世上を賑わすのは、いじめが自殺と結びついた場合がほとんどである。逆に言えば、実際に学校で陰湿ないじめが行われていても、被害者が自殺しなければ、いじめの事実がなかなか明るみにならない。これはマスコミの問題でもあり、報道のあり方がいじめ被害者の自殺を誘発する事態に繋がることも十分考えられるのである。

⑵　**不登校**

　80年代以降、いじめと並んで大きな社会問題となったのは、**不登校**の増加であった（不登校については、第9章で詳述）。不登校の増加などへの対策と

して、文部科学省は 1995（平成 7）年から公立学校に**スクールカウンセラー**を配置する制度を導入した。1999（平成 11）年からは、教職経験者らによる「**心の教室相談員**」制度も始まり、ほとんどの公立中学校で、スクールカウンセラーもしくは心の教室相談員のいずれかが配置されることになった。

　不登校は当初、一種の個人的な病であり、再登校させることこそが「治癒」であるという認識が一般的であった。ところが、個人的要因に求めるだけでは不登校の急激な増加を説明することはできず、次第に学校そのものに批判の目が向けられるようになる。「荒れた学校」に象徴されるように、病んでいるのはむしろ学校であり、病んだ学校を忌避する不登校は子どもたちの正常な反応である、という主張もなされるようになった。不登校現象に対するこのような見方は一定の説得力をもっており、近年では、不登校の「逸脱性」が薄まりつつある。

(3) 「新しい荒れ」と問題行動の現在

　1998（平成 10）年 1 月、栃木県黒磯市（現・那須塩原市）の中学校で、女性教諭が同校 1 年の男子生徒に刺殺される事件が発生した。この生徒は、教諭から遅刻を注意されてカッとなり、いきなりバタフライナイフで教諭を刺したという。事件翌日の『朝日新聞』（朝刊）は、「『普通の子』キレて犯行」との見出しで事件を報じた。この事件をきっかけに、**非行**を予見しがたい「普通の子」がむかつきをため込み、些細なことで突然「キレる」行動が問題となり、これが 70 年代後半〜 80 年代の「**教育荒廃**」現象とは異なる「**新しい荒れ**」として、90 年代後半から全国各地に広まった。2000（平成 12）年には、豊川主婦殺人事件（5 月）、西鉄高速バス乗っ取り事件（5 月）、岡山県金属バット殴打・母親殺人事件（6 月）が連鎖的に発生したが、いずれも 17 歳の少年による犯行であった。

　「新しい荒れ」の現象として、「**学級崩壊**」も社会問題となった。学級崩壊とは、突発的な行動をとる児童生徒に周りの者が同調・便乗し、教室内の秩序が一気に崩れて学級が機能しなくなることである。ベンジャミン・ブルーム

（Bloom,B.S.：1913 ～ 1999）が指摘したように、一昔前は、教室における「高度の集中と規律」こそが、日本の学校が成功した秘訣と見なされていた（ウィリアム・K・カミングス『ニッポンの学校』サイマル出版会、1981 年）。しかし、その様相は大きく変化し、教師は無秩序な学級への対応に苦悩させられることになったのである。

　暴力行為、**いじめ**、**不登校**などの**問題行動**は現在に至っても一定の割合で発生しており、依然としてその根本的な解決には至っていない。近年では、暴力行為の低年齢化や「ネットいじめ」の拡大などが問題になっており、社会の変化に伴って、問題行動の様相も変化している。このような変化を踏まえ、教師は生徒指導上の「新しい課題」を十分に理解し、それに適切に対応していくことが求められる。

3.　教師に求められる対応

(1)　問題行動についての理解

　問題行動の背景・要因は、一人ひとりの児童生徒によってさまざまであり、教師は個別課題ごとの特質を踏まえて、効果的な指導を行うことが必要になる。そのためには、まず、日常の学校生活で児童生徒を十分に観察し、**児童生徒理解**と問題行動の早期発見に努める必要がある。その上で、問題行動の背景・要因を丁寧に分析し、一人ひとりの児童生徒に応じた指導方針を確立して対応にあたらなければならない。問題行動に対する指導は、児童生徒全体を対象とした**集団指導**が必要になる場合もあるが、中心となるのは**個別指導**である。

　『提要』では、問題行動を捉える視点として、①すべての児童生徒が問題行動の要因を内包している可能性があること、②小学校で問題行動の予兆があること、③成長を促す生徒指導を進めること、④**発達障害**と問題行動、の 4 つを挙げている。

①については、問題行動を「一過性の逸脱行為、社会的に自立していくための試行錯誤と考えることが大切」としながら、「特に心身の激しい思春期は、好ましくない社会的な影響をうけやすく、いつだれもがなる可能性」があるとしている。

②については、中学校・高校段階での問題行動の予兆が小学校段階で見られる場合があるとし、小学校での適切な生徒指導と学校種間の連携が必要であるとしている。

③については、問題行動を予防するために「学校生活を意義深く過ごし得る条件を作り上げる積極的立場から考えていくことが大切」とし、**自己指導能力**の育成に向けて、学級や学校で取り組みを進めることが重要としている。

④については、発達障害の特性が問題行動の直接的な要因になるものではないとしながら、その特性によって生じる学力や対人関係の問題に対する周りの対応が原因となり、適応困難や**不登校**、引きこもり、**反社会的行動**といった二次的な問題としての問題行動が生じる可能性があるとしている。教師はこれらの視点を併せもちながら、問題行動について理解を深めていかなければならない。

(2) 問題行動の早期発見

問題行動を未然に防ぐ、あるいは早期解決を図るためには、児童生徒の発するサインを見逃さないことが重要である。たとえば、服装や髪型といった外見上の変化は教師の目にとまりやすいだろう。服装が乱れていたり、化粧が派手になったり、髪を染めたりしていれば、問題行動の兆候であるかもしれない。

他にも、教師や保護者の指導に対して言い逃れやうそ、反抗、無視がある、言葉遣いが乱暴・下品になる、友人関係・人間関係が変化する、無断欠席や遅刻・早退が多くなる、授業中の居眠りが多くなる、顔色が悪い、無気力である、金遣いが荒くなる、食欲がない、顔や体に傷やあざがある、といったことが問題行動の兆候として挙げられる。こういった外見上や行動上の変化が問題

行動に結びつくとは限らないとしても、児童生徒を注意深く観察し、その変化の意味を読み解くことは重要である。

　問題行動の早期発見の方法としては、観察、面接（個人面接及び集団面接）、悩みや不安などに関する質問紙（アンケート）調査、教職員間の情報交換、保護者との懇談、学校種間・学校間の情報交換、関係機関・地域とのネットワークでの情報交換などが挙げられる。

(3)　問題行動に対する効果的な指導

　生徒指導においては、**問題行動**を未然に防ぐことが重要であるが、もし問題行動が発生した場合、どのように指導を進めるのが効果的であろうか。『提要』は効果的な指導のあり方について4点挙げている。まず、①「問題行動の迅速な事実確認」である。問題行動の事実の正確な把握とその背景を解明した上で、教員間の共通理解を図り、場合によっては、家庭や警察などの関係機関、教育委員会と連携することが必要になる。事実確認に際しては、確認方法を具体化しておくことや児童生徒のプライバシーに配慮することも大切である。

　次に、②「問題行動の原因分析と個々の児童生徒に応じた指導方針の確立」である。先に述べたように、問題行動の背景・要因は一人ひとりの児童生徒によってさまざまであることから、それらを丁寧に分析し、当該児童生徒にとって最も適切と思われる指導を考えなければならない。また、問題行動を起こす児童生徒には、自己を否定的に評価する傾向が多分に見られることから、**自己存在感**を持たせるような指導、すなわち、③「希望を持たせる指導」も求められる。そして、④「保護者への説明と適正な手続き」である。問題行動の事実関係や問題行動に対する指導内容・方法を保護者に十分説明し、理解を求めることはもちろん、保護者からの意見をきちんと聴取し、その意見を多角的に検討することも重要になろう。

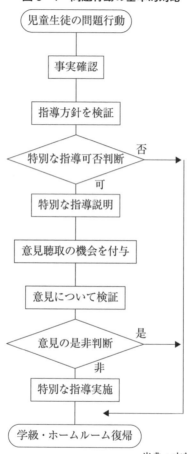

図6-1 問題行動の基本的対応

出典：文部科学省『生徒指導提要』

＜参考文献＞

・『朝日クロニクル　20世紀　第8巻　1981-1990』（朝日新聞社、2001年）
・苅谷剛彦・志水宏吉『学校臨床社会学―「教育問題」をどう考えるか―』（放送大学教育振興会、2003年）
・吉田辰雄編著『最新　生徒指導・進路指導論―ガイダンスとキャリア教育の理論と実践』（図書文化社、2006年）

・『生徒指導資料第 1 集（改訂版） 生徒指導上の諸問題の推移とこれからの生
　徒指導―データに見る生徒指導の課題と展望―』（国立教育政策研究所生徒
　指導研究センター、2009 年）

第7章

暴力行為・非行

1. 暴力行為と非行の定義

⑴ 暴力行為の定義

　本章では、**問題行動**と分類されるもののうちから、特に**暴力行為**と**非行**に焦点をあてて学習を進めよう。いずれの語も一般に多義的に使用されることが多いため、まずはそれぞれの概念を整理するところからはじめたい。

　「暴力行為」という用語は、文部科学省（2000年以前は文部省）による実態把握調査のなかで、その定義が確認されてきた。調査は、1982（昭和57）年度から公立中学・高等学校を対象に、「**校内暴力**」に関して行われてきたが、97年度からは公立小・中・高校を対象とした「暴力行為」の調査に切り替えられ、さらに2006年度からは、調査対象が国・公・私立の小・中・高校及び中等教育学校へと拡大され、現在に至っている。

　2007（平成19）年度の調査において、暴力行為は次のように説明された。

　　「暴力行為」とは、「自校の児童生徒が、故意に有形力（目に見える物理的な力）を加える行為」をいい、被暴力行為の対象によって、「**対教師暴力**」（教師に限らず、用務員等の学校職員も含む）、「**生徒間暴力**」（何らかの人間関係がある児童生徒同士に限る）、「**対人暴力**」（対教師暴力、生徒間暴力の対象者を除く）、学校の施設・設備等の「**器物損壊**」の四形態に分ける。ただし、家族・同居人に対する暴力行為は、対象外とする。

具体的な暴力のかたちについては、殴ったり蹴ったりといった行為はもちろんのこと、教師の胸ぐらをつかんだり、相手を突き飛ばしたり、また補修を要する落書きをしたりといった行為も、暴力行為に含まれるとされている。

(2) 非行の定義

非行の定義については第5章でも扱われたが、本章の主題に関わる概念でもあるので、重複を厭わず再度整理しておこう。

非行を定義することは、実は難しい。もちろん、法律上の定義は明確である。「少年法」第3条1項において、**非行少年**は**犯罪少年**、**触法少年**、**虞犯少年**の三種類に分類されている。犯罪少年とは、犯罪行為をした14歳以上20歳未満の者、触法少年とは刑罰法令に触れる行為をした14歳未満の者、虞犯少年とは具体的な問題行動があって、将来犯罪少年や触法少年になる可能性のある者のこととされる。

すなわち、法律上の定義においては、法を犯しているか否かをひとつの基準として、さらに非行が確認された時点の年齢を加味しながら、非行を区分している。非行少年に類似して、**不良行為少年**という呼称もあるが、これは非行の周縁にある行為を対象としたもので、「非行少年には該当しないが、飲酒、喫煙、深夜はいかいその他自己又は他人の徳性を害する行為（以下「不良行為」という）をしている少年をいう」（少年警察活動規則第2条）と規定される。一般的な語の使用感覚からすれば、「非行」も「不良」も変わらないように思われるかもしれないが、法律上はこのように区別されている。

では、上述したように、非行の定義が実は難しいとは何のことか。これは、非行理論研究の系譜に、大きく二つの対立する立場が存在するからである。そのひとつは、非行というものが実体として存在すると考える立場である。この立場は、非行を"実在する"ものという前提で捉えるため、非行の動機や原因を解明したり、抑止対策を構想したりといった方向に研究が進展しやすい。もうひとつは、非行は実在としてあるのではなく、社会が特定の人々にその概念を適用することによって"生み出す"のだという立場である。ある行為が、英

雄として賞讃されるか非行として非難されるかは、絶対的な座標軸によって決まっているものではなく、社会の反応によって相対的に決定されるにすぎないという、関係論的な見方である。

本章では、こうした理論的な対立を含む「非行論」に踏み込むことはせず、あくまでも法律上の定義をもとにその現状や課題を確認していくこととするが、学校現場において児童生徒の非行問題との向き合い方に悩んだ際には、このような根本的な議論を確かめることも新たな視野を獲得する手がかりになるかもしれない。

2. 暴力行為・少年非行の推移と現状

(1) 暴力行為の推移

では、確認された定義を前提として、これらの問題が数量的にどのように推移してきたかをみていこう。図7-1は、文部科学省（文部省）の調査によって判明する、**暴力行為**発生件数の推移である。このグラフでは、調査内容が「**校内暴力**」から「**暴力行為**」に変更された1997（平成9）年度以降のデータが示されている。先述したように、調査は1997年度と2006（平成18）年度にそれぞれ内容と方法の見直しを行っているため、その前後の数字を単純に比較することはできない。近年の把握においては、年間60,000件近くの暴力行為の発生が確認されている。

暴力行為の内実に目を向けると、発生した暴力行為のうち、**生徒間暴力**の割合が最も高く、ついで**器物損壊**、**対教師暴力**、**対人暴力**となっている。これらはいずれも中学校での発生件数が最も多くなっているが、一方で、近年の傾向として暴力行為の低年齢化も指摘されている。

加害児童生徒数は、小中学校ともに、学年が高くなるにしたがって増加する傾向がある。とくに小学6年生から中学1年生にかけての伸びは著しく、たとえば2007（平成19）年度のデータによると、2006年度に加害児童となった小学6年生の数が1,720人であったのに対し、2007年度の中学1年生の加害生徒

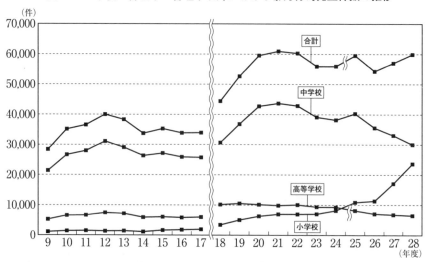

図7-1 学校の管理下・管理下以外における暴力行為発生件数の推移

	9年度	10年度	11年度	12年度	13年度	14年度	15年度	16年度	17年度	18年度	19年度	20年度	21年度	22年度	23年度	24年度	25年度	26年度	27年度	28年度
小学校	1,432	1,706	1,668	1,483	1,630	1,393	1,777	2,100	2,176	3,803	5,214	6,484	7,115	7,092	7,175	8,296	10,896	11,472	17,078	22,841
中学校	21,585	26,783	28,077	31,285	29,388	26,295	27,414	25,984	25,796	30,564	36,803	42,754	43,715	42,987	39,251	38,218	40,246	35,683	33,073	30,148
高等学校	5,509	6,743	6,833	7,606	7,213	6,077	6,201	5,938	6,046	10,254	10,739	10,380	10,085	10,226	9,431	9,322	8,203	7,091	6,655	6,455
合計	28,526	35,232	36,578	40,374	38,231	33,765	35,392	34,022	34,018	44,621	52,756	59,618	60,915	60,305	55,857	55,836	59,345	54,246	56,806	59,444

(注1) 平成9年度からは公立小・中・高等学校を対象として、学校外の暴力行為についても調査。
(注2) 平成18年度からは国私立学校も調査。
(注3) 平成25年度からは高等学校に通信制課程を含める。
(注4) 小学校には義務教育学校前期課程、中学校には義務教育学校後期課程及び中等教育学校前期課程、高等学校には中等教育学校後期課程を含める。

出典：文部科学省「児童生徒の問題行動・不登校等生徒指導上の諸課題に関する調査」(『平成29年度文部科学白書』)

数は10,321人と、6倍もの伸びを示している。他の学年間にこれほどの伸び率をみせる時期はなく、小学校から中学校への環境変化に適応することがいかに難しいかを物語っているといえるだろう。なお、加害児童生徒の男女比については、おおむねどの学年も男子が9割ほどを占めている。

また、近年は学校内で発生した暴力行為のうち、学校内での処分を超えて警察による検挙・補導につながる事件となる事例が増加している。これは暴力行為の数や質が増加あるいは悪化したというよりは、近年の傾向として、学校の抱え込み体質の否定や外部機関との連携強化が強く意識されるようになった影

響もあるといえるだろう。

(2) 少年非行の推移

戦後の**少年非行**は、その発生数の増減に時代背景と強く関連した"波"があると把握されており、直近では1990年代後半にピークを迎えた「第四の波」があった（図7-2参照）。

最初の波は1951（昭和26）年をピークとして現れた。戦後の混乱による社会全体の経済的困窮を背景に、食料や衣類など生活必需品の窃盗が圧倒的多数を占めていたため、「**生活（生存）型非行**」と呼ばれる。

第二波は、1964（昭和39）年をピークとするもので、暴力・傷害・脅迫・恐喝などの反社会的非行や、非社会的な**非行**の増加がみられた。高度経済成長による繁栄の一方で、経済格差が広がってきたことや管理社会への反発が根底にあったとされ、この時期の非行を「**反抗（粗暴）型非行**」と呼ぶ。

第三波は、1983（昭和58）年をピークとする。従来の貧困を原因とする「生活（生存）型非行」や社会への反発に起因する「反抗（粗暴）型非行」とは異なり、豊かな社会のもとで「ふつう」に育った子どもが軽い気持ちで行う、比較的「軽微」な犯罪（窃盗、占有離脱物横領等）の増加を特徴としている。この時期の非行は「**遊び型非行**」と呼ばれる。

そして第四の波とされる近年の非行は、それまで非行経歴のない、どちらかといえばおとなしい児童生徒が、突然重大な非行に走る事例が目立つ、「**いきなり型**」と呼ばれる特徴をもつ。従来の認識でいえば、非行に走る児童生徒には、万引きなどの初発型非行や非行グループへの加入といったわかりやすい予兆があるのが一般的であった。また、かつては家庭環境におけるなんらかの不充足（単親、貧困等）が大きな非行要因として挙げられてきたのに対し、この頃になると、両親が揃っており経済的にも一般以上の家庭で育った子どもによる非行が、大半を占めるようにもなってきた。90年代後半から始まった「心の教育」の推進は、家庭や地域といった社会的環境の変容が幼児期からの心の成長に影響を及ぼしていることを問題としている。

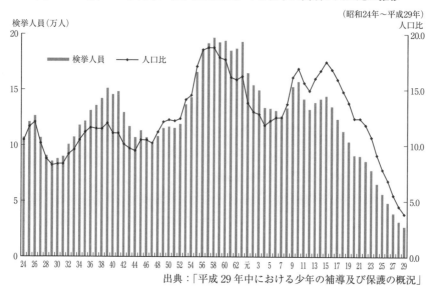

図7-2 昭和24年以降における刑法犯少年の検挙人員及び人口比の推移

出典:「平成29年中における少年の補導及び保護の概況」

　このように、少年非行の傾向性は各時期における社会的背景と密接に関連付けられつつ把握されてきた。直近の第四の波については図7-2からも窺えるように1998（平成10）年（157,385人）をピークに顕著な減少傾向を見せており、近年の刑法犯少年の検挙人員は、戦後最少を更新し続けている。

(3) 暴力行為・少年非行をめぐる現状
　図7-1でみたように、調査方法の変更があったとはいえ、学校における**暴力行為**はいまだに高い水準で推移し続けている。2011（平成23）年にまとめられた報告書「暴力行為のない学校づくりについて」では、学校における暴力行為が増加している背景として、「規範意識や倫理観の低下、人間関係の希薄化、家庭の養育に関わる問題、あるいは映像等の暴力場面に接する機会の増加やインターネット・携帯電話の急速な普及に伴う問題、若年層の男女間におけ

る暴力の問題など」が挙げられており、暴力行為に対する実効的な対応が必要であると提言された。

　一方で、刑法犯少年の検挙数は急激に減少していることが確認できた。少年非行の現状をめぐっては、もう少し補足しておこう。警察庁のデータによると、近年の少年非行においては、凶悪犯や粗暴犯、窃盗犯といった刑法犯少年の検挙人員がともに明らかな減少傾向を見せている。さらに人口に占める検挙人員の割合では、少年は成人よりも高い割合にあるものの、成人の検挙人員の対人口比率が横ばい状態であるのに対し、少年の人口比は減少し続けている。ただし、刑法犯少年の中でも詐欺や横領などに絡む知能犯少年の検挙人員は横ばいの傾向にある。とりわけ、近年重大な社会問題となっている振り込め詐欺に関わって検挙される少年の数は著しく増加してきており、さらなる拡大が懸念される状況にある。

　近年の刑法犯少年の傾向と学校の暴力行為の傾向とを比較してみると、刑法犯少年の方は総数として明らかな減少傾向を示しているにもかかわらず、学校の暴力行為の件数には大きな変化が見られない。このことは、学校という教育的空間の特殊性がもたらす大きな特徴としてとらえられるところであろう。

┌─ コラム：青少年犯罪をめぐる言説と子どもの「心」 ─────

　青少年犯罪の傾向性をめぐっては、しばしば根拠のない言説がひとり歩きすることがある。たとえば、"最近の青少年犯罪は凶悪化している"とか、"昔と比べ犯罪の質が変わった"といった類のものである。前者については、マスメディアによる報道体制の発達が影響しているところも大きい。発生した事件に対してセンセーショナルな報道がされるたびに、視聴者が「またか」と思ってしまうのは無理のないところであろう。しかし、各種統計により裏付けられているように、事実として青少年による凶悪犯罪は減少している。

　また後者は、数字に表れないところで青少年犯罪の質が変容しており、従来の枠組みでは理解できない不可解さ、新しさがみられるようになったというような主張として現れる。90年代における「キレる子ども」や、「いきなり型」の少年犯罪等に際してよく言われるようになった。しかし、そもそも発達途上にある未熟な子どもの犯行動機が不可解であることは珍しくない。決して、最近の子どもが突然不可解な存在になったのではないはずである。

　観念的に「最近の子どもは…」と決めつけるのではなく、目の前の子どもを丁寧に観察し、真摯に対話を重ねることが、いつの時代も教育者に求められる姿勢であろう。

└──────────────────────────────

3. 教師に求められる対応

(1) 暴力行為・非行の予防に向けた基本姿勢

暴力行為や非行は、学校だけでなく社会の秩序を乱す行為であり、また他の児童生徒たちが安心して学べる環境を破壊する行為でもある。そのため教師には、これらの問題に対する毅然とした対応が求められることはいうまでもない。しかし、問題が起きてから、対象の児童生徒をただ厳しく処分すればよい

というものでもない。彼らもまた、発達途上の未熟な存在であることをふまえ、教育的配慮を根底においた粘り強い日常の指導が求められる。

　暴力行為や非行が確認された際の対応にあたっては、ひとりの教師が問題を抱え込むことのないよう、学校内外にわたる協力的な指導体制を予め確立しておくことが重要である。学校内においては、管理職のリーダーシップのもとに、指導方針の確認、対応マニュアルの整備、情報の共有化等の体制づくりが必要であり、加えて、教職員が協力して問題に立ち向かうための、親和的な人間関係の構築が欠かせない。

　さらに、児童生徒との信頼関係を築くことはとりわけ重要である。非行に走る児童生徒は、家庭や学校に居場所がなく、居心地の悪さを感じている場合が多い。屈折した感情から、すねたり反抗的になったりする児童生徒に対して、教師が冷たい対応に終始すると、さらに非行行動のエスカレートをもたらす可能性もある。教師が愛情をしっかりと示し、児童生徒にとって信頼できる相手であることをわかってもらえるよう、根気づよく指導を継続することが必要である。

　また、個別の課題を抱える児童生徒もいる。**発達障害**がある場合や、受験等のストレスに強くさらされている場合、養育環境から愛着に課題を抱えている場合など、さまざまな背景から暴力行為や非行は発生する。教師には、生徒が抱えている課題を的確に見極め対応することが求められているが、自身の能力を超えた問題をひとりで抱え込むことは望ましくない。事案の内容に応じて、**特別支援教育**や医療など外部の関係機関・専門家に助言を仰ぐことも選択肢のひとつである。

⑵　規範意識の醸成とゼロ・トレランス

　児童生徒の**規範意識**の低下をめぐっては、かねて各種の答申や報告書において指摘されてきた。学校は、児童生徒一人ひとりの人格を尊重し、**個性の伸長**を図る場であると同時に、公共の精神や社会規範を尊重する意識や態度を育む場でもある。「社会で許されない行為は学校においても許されない」という

メッセージを明確にし、児童生徒の社会性を育み規範意識を醸成するための指導、援助に努めなければならない。

児童生徒の社会性を育むことを目的とした教育活動には、**グループ・エンカウンターやライフスキルトレーニング**などさまざまな方法があるが、ここでは規範意識の醸成を目的とした**ゼロ・トレランス方式**について紹介しておこう。

ゼロ・トレランス方式（zero-tolerance policing）とは、トレランス（＝寛容さ）がゼロ、すなわち規律違反などの問題が起きたときに、大目に見ることなく、規則に従って厳格に処分するという生徒指導の方式である。

1990年代にアメリカで導入され、注目を集めた。日本においては、2006（平成18）年に出された文部科学省の報告書で肯定的に紹介されている（『「生徒指導体制の在り方についての調査研究」報告書―規範意識の醸成を目指して―』）。

この方式の特徴は、大きな問題に発展させないために、小さな問題の時点から曖昧にすることなく注意を行う段階的指導（**プログレッシブディシプリン**）にある。たとえば、ある私立高等学校では、生徒の違反行為にしたがって、レベル1（日常のマナーレベル）からレベル5（反社会的行動）まで分類し、担任段階での注意レベルから校長指導まで、指導する教職員も段階的に分類した。こうした取り組みの結果、喫煙による指導を受けた生徒は年々減少し、現在では身だしなみの乱れもなくなったという。

生徒の立場からすれば、自身の行為がどのような結果として返ってくるかが明確に定まっていることで、良くも悪くもわかりやすいという一面があるだろう。従来の問題行動が、教師の寛容さに"甘えた"結果であったとすれば、効果が上がるのも肯けるところである。

しかし、ゼロ・トレランス方式の導入には反発も少なくない。寛容こそが教育の根底にあるという認識は、日本の伝統的な教育観のひとつであり、生徒を一律、機械的に処分するという方式に、嫌悪感を示す人もいる。また、学校の秩序維持のために、問題のある生徒を排除するという方法をとることで、社会からドロップアウトしてしまう人間が増加するのではないか、という懸念もある。

こうした賛否のある、ゼロ・トレランス方式ではあるが、それを知り考えることによって学校で規範意識をいかに育むかについて深く考える契機となるだろう。アメリカとは土壌の異なる日本の教育に、どのような影響を及ぼすのかも、ますます注目されるところである。

(3) 暴力行為・非行が発生した場合の対応

さて、予防的な取り組みにもかかわらず**暴力行為**や**非行**問題が発生した場合、教師はどのように対処すればよいだろうか。『生徒指導提要』では、「少年非行への対応の基本」として、次の4点を掲げている。

　①正確な事実の特定
　②本人や関係者の言い分の聞き取りと記録
　③非行の背景を考えた指導
　④被害者を念頭においた指導

暴力行為の場合も含め、被害者が存在するケースではまず被害者へのケアに配慮する必要がある。そのうえで教師が正しく状況を把握し、問題を起こした児童生徒と非行事実に関する認識を共有するとともに、当該児童生徒が非行に至った個別的背景について多面的・客観的に理解し、指導につなげることが必要である。

暴力行為や非行の程度・内容によっては、出席停止や懲戒なども含めた措置が要求されることもあるが、学校内での対応の完結が難しいと判断された場合には外部の関係諸機関（警察、福祉事務所、**児童相談所**など）と適切な連携をとることも求められる。そうした場合に備え、発生する事案に応じてどのような連携が必要となるかを、予めマニュアルとして作成しておくことも有効であろう。

＜参考文献＞

・加藤十八編著『ゼロトレランス―規範意識をどう育てるか―』（学事出版、2006年）

・加澤恒雄・広岡義之編著『新しい生徒指導・進路指導』（ミネルヴァ書房、2007年）

・北澤毅編『リーディングス　日本の教育と社会　第9巻　非行・少年犯罪』（日本図書センター、2007年）

・文部科学省国立教育政策研究所生徒指導研究センター『生徒指導資料第3集　規範意識をはぐくむ生徒指導体制―小学校・中学校・高等学校の実践事例22から学ぶ―』（東洋館出版社、2008年）

・『生徒指導資料第1集（改訂版）生徒指導上の諸問題の推移とこれからの生徒指導―データに見る生徒指導の課題と展望―』（国立教育政策研究所生徒指導研究センター、2009年）

・暴力行為のない学校づくり研究会『暴力行為のない学校づくりについて（報告書)』（2011年）

・警察庁生活安全局少年課「平成29年中における少年の補導及び保護の概況」（2018年）https://www.npa.go.jp/safetylife/syonen/hodouhogo_gaikyou/H29.pdf

第8章

いじめ

1. いじめ問題の発生といじめの定義

⑴ いじめの社会問題化

　日本において、いじめが社会問題として登場したのは、1980年代半ばである。特に、1985（昭和60）年に茨城県水戸市の中学生がいじめを苦に自殺した事件や、翌1986（昭和61）年に東京都中野区の公立中学校において、いじめられた生徒が自殺した事件を契機として、いじめが子どもの自殺の原因になるという認識が広まっていった。

　もちろんそれまでにも、いじめが存在していなかったわけではない。江戸時代の会津藩に伝わる「什の掟」にも「弱い者をいじめてはなりませぬ」が掲げられており、いじめは否定されるべきものと理解されてきた。しかし、日本では、いじめは生徒間に生じるよくある諍いやトラブルとして認識される傾向が強く、一般にいじめは「喧嘩」という範疇の中で分類される傾向が強かった。

　しかし、1980年代半ばの児童生徒の自殺事件を契機として、いじめは社会全体で取り組み、具体的な対策を講じるべき問題として理解されるようになった。これまでの理解が、いじめの深刻な現実を見えにくくしているばかりでなく、ともすれば自殺の原因を被害者の「弱さ」に転化してしまうことになりかねないことに反省が加えられたといえる。

　森田洋司は、これを「社会問題としてのいじめの発見期」と評するが（森田

洋司『いじめとは何か―教室の問題、社会の問題』中公新書、2010年）、1980年代半ば以降、いじめは特に学校という組織や制度との関連において議論されていった。

いじめが社会問題化するに及んで、1995年度から「**スクールカウンセラー**」の学校への配置をスタートし、1998年度から「**心の教室相談員**」を配置するなどの対策が進められた。また、2006（平成18）年に内閣に設置された**教育再生会議**は、いじめた子への「**出席停止**」措置の活用や懲戒の行使を盛り込み、教師が毅然とした態度で臨むことを強く求めるなどの提言を行った。

⑵　いじめの定義と教育行政の取り組み

文部科学省は、2007（平成19）年1月にいじめの定義を見直している。従来の定義は、「自分より弱いものに対して一方的に身体的、心理的な攻撃を継続的に加え、相手が深刻な苦痛を感じているもの」というものであった。見直された定義では、いじめは、「当該児童生徒が、一定の人間関係のある者から、心理的、物理的な攻撃を受けたことにより、精神的な苦痛を感じているものとする。個々の行為がいじめにあたるか否かの判断は、表面的・形式的に行うことなく、いじめられた児童生徒の立場にたって行うものとする」というものである。

見直しのポイントは、①子ども同士の地位の上下関係を問わない、②繰り返し継続している場合に限らない、③精神的な苦痛であればその強弱を問わない、④いじめられる側の立場を重視した、という点である。

いじめ問題に対して文部科学省は、2006（平成18）年10月19日、「いじめは人間として絶対に許されない」との認識を、学校全体を通じて児童生徒一人ひとりに徹底すること、いじめる児童生徒に対しては、「**出席停止**」等を含めた毅然とした指導が必要であること、また、いじめられる児童生徒に対しては、学校が徹底して守り通すという姿勢を日頃から示すことが重要である、などを盛り込んだ「いじめの問題への取組の徹底について」を通知した。

また、いじめと犯罪との違いが明確でなかった従来の状況に対して、文部科

学省は 2012（平成 24）年 11 月 2 日の「犯罪行為として取り扱われるべきと認められるいじめ事案に関する警察への相談・通報について」を通知した。ここでは、「生徒の行為が犯罪行為として取り扱われるべきと認められるときは、いじめられている児童生徒を徹底して守り通すという観点から、学校においてはためらうことなく早期に警察に相談し、警察と連携した対応を取ることが重要である」とされた。

2. いじめの特徴といじめ論

(1) いじめ集団の「四層構造モデル」

いじめの手段としては、小・中・高等学校ともに「冷やかし・からかい」が最多であり、小学校では「仲間はずれ」「言葉での脅し」、中学校では「言葉での脅し」「暴力」、高等学校では「暴力」「言葉での脅し」が続く。また、一般にいじめの形態は、①被害過敏型、②遊び・ふざけ型、③攻撃型、犯罪型に分類される。

現代的ないじめの特徴は、可視性の低下、加害者と被害者の立場の「入れ替わり」、集団化、歯止めの喪失、非行・犯罪との接近である。現在の子どもたちの世界で起っているいじめは、大人がかつて経験したものとは質的に異なるものであると理解されている（伊藤茂樹編『リーディングス　日本の教育と社会　第 8 巻　いじめ・不登校』日本図書センター、2007 年）。そのため、「昔もいじめはあった」という類の言葉は、現代のいじめの現実を歪め、かつ矮小化させてしまいかねない。

なかでも、いじめの集団化を説明する代表的なものは、森田洋司等によるいじめ集団の「四層構造モデル」である。森田は、いじめが動物としての攻撃性に根ざすものではなく、人間が社会的に作り出す関係性に潜む病理であると捉える。その上で森田は、いじめが、「いじめられる子」（被害者）、「いじめる子」（加害者）の 2 者関係で生じるわけではなく、「いじめを面白がって見ている子どもたち」（観衆）、「見て見ぬふりをしている子どもたち」（傍観者）を含

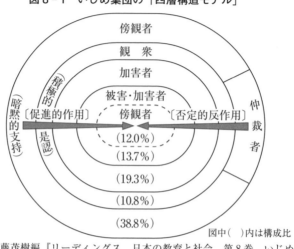

図8-1 いじめ集団の「四層構造モデル」

出典：伊藤茂樹編『リーディングス　日本の教育と社会　第8巻　いじめ・不登校』

めた四層の子どもたちが絡まりあった構造の中で起っていることを図8-1のように示している。

　森田によれば、現代のいじめ集団の構造は、加害者だけでなく、周りの子どもたちの反応によって決定される。なかでも観衆と傍観者は決して固定されたものではなく、被害者にまわる可能性もあれば、加害者に変身する「立場の入れ替わり」が行われることが特徴的である。教室内でいじめが進行していく状況とは、抑止力を欠いたまま、学級が四層へと収斂していく過程であり、子どもたち自身による歯止めを失った状態は、集団の自己抑制力と「共同性」が弱まり解体した状態でもある。当然ここでは、学級内の人間関係はますます希薄となり、子どもたちを孤立させ追い詰めることになる。

　森田の指摘するように、いじめが当事者だけでなく、周りの児童生徒たちの反作用による力学の構造的な事象であるとすれば、周りでみている子どもたちの中から「仲裁者」が現われ、否定的な反応を示せばいじめへの抑止力となる。逆に「仲裁者」が現われなければ、いじめはエスカレートすると考えられる。

(2) 日本のいじめの特徴と社会変化

いじめ集団の「四層構造モデル」において、「仲裁者」と「傍観者」の国際比較調査においては、日本は特徴的な傾向を示している。「仲裁者」の出現率は、小学校段階から学年が移行するにつれてどの国でも低下するが、中学校段階になると、イギリス、オランダなどの諸外国では出現率が下げ止まり、逆に上昇に転じるのに対して、日本では下降傾向のままである。また、「傍観者」の出現率は、各国とも学年が進むにつれて増加するが、イギリス、オランダでは中学校段階になると減少する。これに対して、日本の場合は直線的に増え続け、中学校3年では約6割に達している（森田洋司『いじめとは何か──教室の問題、社会の問題』中公新書、2010年）。

こうした背景には、「止めに入れば今度は自分がいじめの標的となる」「止めに入ればクラスの仲間から浮いてしまう」といった日本人が対人場面での同調志向や自己保身といった特徴が関係しているという指摘もある。また、一般に日本人は、たとえ個人の意見を持っていたとしても、集団の中での均一性が高い他人の前ではその表現を控える傾向が強いといった文化特質が影響しているともいわれる。

しかし、これらに加えて重要な点は、1960年代以降の高度経済成長を契機として、日本人が社会や集団への関わりを弱め、私生活重視へと軸足を移してきたことである。「**私事化**」や「**個人化**」と称されるこうした傾向は、公共的なものへの関心を希薄にし、拡大した欲求を制御する規範や道徳を無力化する社会を形成していった。

「私事化」や「個人化」の進展は、学校・教師の社会的な権威を低下させ、教師と生徒との「教える」─「教えられる」関係を変質させていった。教師は、権威をもって「教える」存在ではなく、子どもと対等な「お友達」と理解されはじめたのである。教室の頂点にあった教師の権威が失われるにつれて、教室内の教師と児童生徒、さらには児童生徒同士の関係性の秩序が崩れ、その無秩序・無統制によっていじめは拡大していった。

さらに、集団の自己抑制力と「共同性」が弱まり解体した状態の中では、学

級内の人間関係はますます希薄となり、子どもたちを孤立させ追い詰めていくことになる。その意味でもいじめ問題が、高度経済成長以降に生まれ、彼らに育てられた子どもたちの世代によって深刻な社会問題となったことは重要な意味を持っている。

ポスト高度経済成長世代が今や国民の多数となり、学校でのいじめの延長線上には「セクハラ」「パワハラ」といった大人のいじめ問題が社会問題となっていることは周知の通りである。その意味でいじめとは、「人間が社会的に作り出す関係性に潜む病理」（森田洋司）であると同時に、いわば「他者の喪失」によってもたらされる病理でもあるともいえる。

3.「いじめ防止対策推進法」といじめ対策

⑴「いじめ防止対策推進法」の成立と概要

第2次安倍内閣の私的諮問機関として発足した**教育再生実行会議**は、2013（平成25）年2月26日に「いじめの問題等への対応について（第一次提言）」を発表した。第一次提言は、「いじめは絶対に許されない」「いじめは卑怯な行為である」との認識を日本全体で共有し、子どもを「加害者にも、被害者にも、傍観者にもしない」教育を実現することを求めた。その具体的な方策として第一次提言は、道徳の教科化とともに、「社会総がかりでいじめに対峙していくための基本的な理念や体制を整備する法律の制定」を提言した。

この提言を受けて、同年6月28日に「**いじめ防止対策推進法**」が成立し、同年9月28日に施行された。同法は、**いじめ**を「児童等に対して、当該児童等が在籍する学校に在籍している等当該児童等と一定の人的関係にある他の児童等が行う心理的又は物理的な影響を与える行為（インターネットを通じて行われるものを含む。）であって児童等が心身の苦痛を感じているものをいう」（第2条）と提示した。

前述したように、文部科学省は、いじめを①当該児童生徒が、一定の人間関係のある者から、②心理的、物理的な攻撃を受けたことにより、③精神的な苦

痛を感じているもの、としている。これに対して、「いじめ防止対策推進法」
は、基本的には文部科学省の定義を踏まえつつ、さらにそれを広げたものと
なっている。

　具体的には、①加害者を児童・生徒に限定したこと、②「心理的、物理的な
攻撃」としているものを、「心理的又は物理的な影響を与える行為」としてい
ること、③「インターネットを通じて行われるものを含む」と明記したこと、
④「精神的な苦痛」を「心身の苦痛」としたこと、が特徴である。特に②は、
「攻撃」では抜け落ちる可能性のある「からかい」や「無視」といったいじめ
を、「影響を与える行為」として包括している。

　「いじめ防止対策推進法」の概要は、次のようにまとめることができる。

1　国、地方公共団体及び学校の各主体による「いじめの防止等のための対
　策に関する基本的な方針」を策定すること（第11条関係）。

2　地方公共団体は、関係機関等の連携を図るため、学校、教育委員会、**児
　童相談所**、法務局、警察その他の関係者により構成されるいじめ問題対策
　連絡協議会を置くことができる（第14条関係）。

3　学校の設置者及び学校が講ずべき基本的施策として、①道徳教育等の充
　実、②早期発見のための措置、③相談体制の整備、④インターネットを通
　じて行われるいじめに対する対策の推進を定めるとともに、国及び地方公
　共団体が講ずべき基本的施策、⑤いじめの防止等の対策に従事する人材の
　確保等、⑥調査研究の推進、⑦啓発活動についてさだめること（第15条〜
　第21条関係）。

4　学校は、いじめの防止等に関する措置を実効的に行うため、複数の教職
　員、心理、福祉等の専門家その他の関係者により構成される組織を置くこ
　と（第22条関係）。

5　個別のいじめに対して学校が講ずべき措置として、①いじめの事実確
　認、②いじめを受けた児童生徒又はその保護者に対する支援、③いじめを
　行った児童生徒に対する指導又はその保護者に対する助言について定める

とともに、いじめが犯罪行為として取り扱われるべきものであると認める
ときの所轄警察署との連携について定めること（第23条関係）。

6　**懲戒、出席停止**制度の適切な運用等その他のいじめの防止等に関する措
置を定めること（第22条〜第27条）。

　以上のように、「いじめ防止対策推進法」は、いじめを防止するために学校
が取り組むべき措置を網羅的に捉え、それを法的義務として定めている。同法
によって、今後いじめの対応に不十分な点があれば、学校は法令違反として責
任が問われることとなり、学校の教職員にはより厳しい対応が求められること
になる。

　なお、「いじめ防止対策推進法」に基づいて、文部科学省は2018（平成30）
年3月に「いじめの重大事態の調査に関するガイドライン」を策定した。ここ
では、いじめの重大事態に対しては、その事実関係が確定した段階で重大事態
としての対応を開始するのではなく、「疑い」が生じた段階で調査を開始しな
ければならないこと、被害児童生徒や保護者からいじめによって重大事態に
至ったと申立があった場合は、重大事態が発生したものとして調査・報告に当
たる事が明記された。

　また、いじめに対する調査結果を公表するか否かは、事案の内容な重大性、
被害児童生徒・保護者の意向、公表した場合の児童生徒への影響等を総合的に
判断するべきであるとしながらも、「特段の支障」がなければ、公表すること
が望ましいとした。

(2)　「ネットいじめ」対策と社会的責任能力の育成

　「**いじめ防止対策推進法**」では、いわゆる「**ネットいじめ**」対策が特に規定
された（第19条）。携帯電話が子どもたちの間に急速に普及する状況の中で、
インターネット上において、特定の児童生徒に対する誹謗・中傷が行われる
ケースが問題となっている。

　「いじめ防止対策推進法」における「ネットいじめ」対策の骨子は、①児童

生徒だけでなく保護者に対しても、啓発活動をもとめたこと、②国や自治体に対して、ネットパトロールを行う機関・団体への支援や「ネットいじめ」事案に対処する体制の整備、③いじめに関する発言の削除や発信者情報の開示に関して、児童生徒や保護者が法務局または地方法務局に協力を求めること、などが明記されたことである。

これまでにも文部科学省は、『「ネット上のいじめ」に関する対応マニュアル・事例集（学校・教員向け)』（2008 年）等によって対策を講じてきたが、「いじめ防止対策推進法」によって、その対策がより強化されることになる。特に、スマートフォンなどの端末の使用が拡大し、写真・動画の扱いやアプリ「LINE」の扱いなどは情報モラル教育の中心的な課題となる。

「ネットいじめ」に対しては、「公開か非公開か」「犯罪か非犯罪か」の区別が重要となるが、犯罪に該当する場合には警察とも連携しながら対応し、からかいや無視などの犯罪に該当しない場合には、被害者を守ることを優先して、いじめが拡大・深刻化しないように指導する必要がある。

4. いじめの対応と教育の責任

いじめの防止にあたっては、「いじめがどの学校にも起こりうる」との認識をもち、「いじめ把握の３ルート」（本人からの訴え、教師の発見、他からの情報提供）が円滑に機能するように、予防的生徒指導を重視する必要がある。

また、いじめを把握したら、関係者が話し合い、対応チーム（**生徒指導主事**、**教育相談**担当者、**養護教諭**、学年主任、担任などで構成）を組織し、指導方針を理解した上で迅速な対応をしなければならない。

いじめられている児童生徒に対しては、全職員による「見守り」と教育相談担当者による「心のケア」に努め、保護者との連携を図り、対応策についての了承を得る必要がある。いじめている児童生徒に対しては、個別指導をした上で学級やグループを対象とした指導を行うことが大切であるが、その際は、被害者本人と保護者の了解を得ることが重要である。また、暴行や恐喝などの刑

法に抵触する場合には、教育委員会や警察などの連携協力の下で毅然とした対応を行うことが求められる（『生徒指導提要』、文部科学省、2011 年）。

　いじめ問題は、30 年以上にわたって対応が検討され、文部科学省によって学校の取り組むべき対策が細かく示されてきた。しかしこれらは、教育委員会等への指導・助言に止まり、その効果に限界があったことも指摘されてきた。「いじめ防止対策推進法」の制定によって法令順守が徹底すれば、いじめ問題への有効な対策となることが期待できる。しかし、単純にいじめの行為責任を加害者への懲戒によって解決するだけでは教育の責任を果たしたことにはならない。そもそも、子どもは間違いや失敗をする「未熟」な存在であり、その間違いや失敗の中で大切なことを学ぶ。それが子どもにとっての「成長」であり、学校は子どもたちの間違いや失敗を包み込みながら、一人前の国民・社会人とするための訓練と「修養」をする場である。

　とりわけ、今日のように集団の自己抑制力と社会の「共同性」が弱まった状況においては、「他者」と繋がることの大切さや「他者」とより良く繋がる方法を繰り返し、繰り返し学ぶことが重要となってくる。また、学校・教師には、自分の思いや気持ちを抑えてでも公共的なものを優先しなければならない場合があることを子どもに「教える」と同時に、将来の社会を担う主体的な役割を果たすための「社会的責任能力」を育成することが求められる

　いじめを根絶することは困難である。しかし、いじめをしない人間、いじめを悪いといえる人間、そして、いじめを止めることのできる人間を育てることは教育の責任であり役割でもある。

＜参考文献＞

　・森田洋司監修『いじめの国際比較研究—日本・イギリス・オランダ・ノルウェーの調査分析』（金子書房、2001 年）

　・内藤朝雄『いじめの社会理論—その生態学的秩序の生成と解体』（柏書房、2001 年）

　・竹川郁雄『いじめ現象の再検討—日常社会規範と集団の視点』（法律文化社、

2006 年)

・伊藤茂樹編『リーディングス　日本の教育と社会　第 8 巻　いじめ・不登校』
　（日本図書センター、2007 年）

・土井隆義『友だち地獄―「空気を読む」世代のサバイバル』（ちくま新書、
　2008 年）

・森田洋司『いじめとは何か―教室の問題、社会の問題』（中公新書、2010 年）

・内藤朝雄『いじめ加害者を厳罰にせよ』（ベスト新書、2012 年）

・諏訪哲二『いじめ論の大罪―なぜ同じ過ちを繰り返すのか？』（中公新書ラク
　レ、2013 年）

第9章

不登校

1. 不登校問題の経緯・現状・課題

　不登校は今や中学校では1学級に1人程度の割合で見られる現象であり、児童生徒の生徒指導上の問題としても看過できない問題となっている。すべての児童生徒が**自己実現**を図るとともに、社会の構成員として必要な資質・能力の育成を図るという義務教育の趣旨に照らしても、この不登校の問題は教育の根幹を揺るがす生徒指導上の問題である。そこで、本章ではこの不登校に焦点をあてその様相を概観する。まず、本節では、不登校問題の基本的な事項を整理するために、不登校の経緯・現状・課題についてみてみよう。

(1) 不登校問題の経緯

　不登校は、1941（昭和16）年にアメリカの精神医学分野で、ジョンソンが**非行や怠学**と異なり大きな不安を伴い長期に渡って学校を休み続ける情緒的障害を「**学校恐怖症**」としたのが始まりとされる。日本でも小学生の中に「お腹が痛い」などの恐怖症状により登校したいのにできないという児童が現れ、60年代頃から学校恐怖症と呼ばれるようになった。ジョンソンはこの原因に母子関係の障害があることを指摘したが、その後は、本人、家族、友人、学校、社会の要因など複合的な要因が関与していることが明らかになっていった（花谷深雪・高橋智「戦後日本における「登校拒否・不登校」問題のディスコース：登校拒否・不登校の要因および対応策をめぐる言説史」『東京学芸大学紀要』第1部門、

表9-1 「不登校が継続している理由」の具体例

区分	具体例
学校生活上の影響	いやがらせをする生徒の存在や、教師との人間関係等、明らかにそれと理解できる学校生活上の影響から登校しない（できない）。
あそび・非行	遊ぶためや非行グループに入ったりして登校しない。
無気力	無気力でなんとなく登校しない。登校しないことへの罪悪感が少なく、迎えにいったり強く催促すると登校するが長続きしない。
不安など情緒的混乱	登校の意志はあるが身体の不調を訴え登校できない、漠然とした不安を訴え登校しない等、不安を中心とした情緒的な混乱によって登校しない（できない）。
意図的な拒否	学校に行く意義を認めず、自分の好きな方向を選んで登校しない。
複合	不登校状態が継続している理由が複合していていずれが主であるかを決めがたい。
その他	上記のいずれにも該当しない。

出典：文部科学省「児童生徒の問題行動等生徒指導上の諸問題に関する調査―用語の解説」をもとに作成

教育科学、55、2004年）。

　これを受け、病理がそれほど特殊ではない場合や、精神疾患だけでは捉えられない状況も明らかになり、日本では学校恐怖症に代わり「**登校拒否**」という名称が使われるようになった。その中で、1967（昭和42）年から文部省は学校基本調査の中の長期欠席児童生徒の欠席理由の中に独立した分類項目として「学校ぎらい」を用いるようになった。その後、1983（昭和58）年の『生徒指導研究資料第12集』において、この学校ぎらいの数が登校拒否とされ、以来これが一般的に登校拒否として定着するようになった（保坂亨「不登校をめぐる歴史・現状・課題」『教育心理学年報』41、2002年）。

　しかし、登校拒否が増加するにつれて、自分の意思で登校を拒否する児童生

徒だけでなく、「行きたいけれど行けない」と葛藤する児童生徒や、「ただなんとなく行けない」という児童生徒などさまざまなタイプの存在が明らかになってきた。そのため児童生徒が登校を拒否しているという「登校拒否」から、より広く学校に行けないあるいはいかない状態を指す「不登校」に認識も変化していった。このように不登校という用語はその実態や背景・要因などは一様ではなく、典型的な類型がはっきりしないという幅の広い概念とされる（文部科学省『生徒指導提要』、2010年；以下『提要』）。

　文部省は、1992（平成4）年の『登校拒否（不登校）問題について』でこのような認識の転換を報告し、「登校拒否はどの児童生徒にも起こりうるものである」と指摘して、1998（平成10）年からは、学校基本調査における「学校ぎらい」も「不登校」に変更された。このように不登校は、学校恐怖症や登校拒否が示す特定の現象だけでなく、さまざまな状況によるものを含んでおり、不登校が継続している理由についても表9-1に示すようなさまざまな分類が用いられている。

(2)　不登校の現状と課題

　前項でみた**不登校**概念の変遷などを踏まえ、文部科学省は不登校を「何らかの心理的、情緒的、身体的若しくは社会的要因又は背景によって、児童生徒が出席しない又はすることができない状況（病気又は経済的理由による場合を除く。）」と定義し、学校基本調査でもこの定義が用いられている。また、文部科学省は、1991（平成3）年度から30日以上欠席し欠席理由が不登校に該当する児童生徒の調査を行っている。この調査では小・中学校の不登校児童生徒数は1991（平成3）年度から2001（平成13）年度までは一貫して増加傾向が見られ、その後は若干の減少傾向と増加傾向がみられている。近年も調査開始時の1991（平成3）年度に比べると依然として2倍に近い高水準で推移しており、2001（平成13）年度以降、中学校では1学級に1人程度の割合で見られる現象となっている。

　また、このような実際の不登校の数値に加え「**不登校相当**」の児童生徒がい

ることも指摘されている。つまり年間 30 日以上に満たない欠席者の中には、適応指導教室へ通う児童生徒、別室登校を行う児童生徒、学校長の判断で出席扱いとなる児童生徒など、不登校の統計には反映されないものの不登校の状態に近い児童生徒も相当数いることが推測される。このような状況を踏まえると、不登校の現状は生徒指導を行う上で喫緊の教育課題であると考えられる。

加えて、不登校の背景や要因等も一層、複雑化・多様化を示している。たとえば、新たな状況として、第 3 章で概観した**発達障害**の児童生徒の場合は周囲との人間関係や学習のつまずきなどが不登校の要因になりやすい。また保護者による子どもの虐待が児童生徒の不登校や不登校傾向の背景にある事件もあり、新たな観点から不登校の実態や対応を改めて考えることが求められている（国立教育政策研究所『不登校への対応と学校の取組について小学校・中学校編』ぎょうせい、2004 年）。

2. 不登校問題の捉え方

(1) 不登校に対する基本的な考え方

前節でみたように、**不登校**は「どの子どもにも起こりうる」問題であり、特定の児童生徒に見られる特殊な問題でない。さらに、不登校と一口に言っても、個々の児童生徒によって実態はさまざまで、その関連要因や背景も一つに特定できないことも多い。また、不登校の状況が継続することは本人の進路や社会的自立のために望ましくなく、児童生徒自身や保護者もその状況に悩む場合が多いため早期の問題解消が望まれる。このような点は、個々の不登校への対応を行う上でも基本的な考えとして常に留意する必要がある。

このような不登校に対する基本的な考え方について、文部科学省は 2003（平成 15）年の『今後の不登校への対応の在り方について』の中で以下の 5 点を示している。第一は、将来の社会的自立に向けた支援の視点である。これは不登校の解決の目標が、児童生徒の将来的な社会的自立に向けての支援であることを意味している。つまり、不登校を「心の問題」としてのみ捉えるのではな

く「進路の問題」として捉らえ、本人の進路形成に資するような指導・相談や学習支援・情報提供等の対応をする必要があることを意味する。そのため、とにかく登校させるといった対症療法的な働きかけは望ましくない。

　第二は、連携ネットワークによる支援である。この点については、次節や第10章でも詳述するが、近年の児童生徒の問題行動はその要因・背景が多様化・複雑化している。そのため、学校、家庭、地域が連携し、学外の専門機関を含め適切な支援を提供することが重要となる。第三は、将来の社会的自立のための学校教育の意義・役割である。義務教育段階の学校は、確かな学力や基本的な生活習慣、規範意識など、社会の構成員として必要な資質や能力を育成する責務がある。そのため、学校教育に携わる者は、すべての児童生徒が学校に楽しく通えるよう学校教育の一層の充実のための取組を展開する必要がある。

　第四は、働きかけることや関わりを持つことの重要性である。この点ついては次節でも詳述するが、必要な支援を行わず不登校の解消を待つだけでは状況の改善にならない。ここでは、不登校が起こらないようにする働きかけ、不登校傾向の早期発見・早期対応の働きかけなど、積極的な働きかけも必要になる。第五は、保護者の役割と家庭への支援である。不登校への支援は保護者も含めた援助チームが基本になる。そのため、不登校の児童生徒の対応に保護者が適切な役割を果たせるよう、学校と家庭の連携を図ることが必要になる。このような不登校に関する基本的認識のコンセンサスは不登校対応を組織的に行う上で不可欠なため、教師はこのような認識のもと不登校への取り組みの充実・改善を行う必要がある。

⑵　不登校についての理解

　前節で確認したように、**不登校**の様態は時代の流れとともに変化し続けている。そのため、生徒指導を行う上で、教師が不登校に対応するためには、各種統計調査などによる不登校の現状についても理解が必要になる。たとえば、2018（平成30）年度の『児童生徒の問題行動等生徒指導上の諸問題に関する調査』（文部科学省、2018年）では、不登校は性別での差がないのに対し、学

図9-2　学年別不登校児童生徒数

出典：文部科学省『児童生徒の問題行動・不登校等生徒指導上の諸課題に関する調査』（2018年）

年別に見みると差がみられるという特徴がある。ここでは不登校の人数は学年をあがるごとに多くなり、中学1年生で倍増している。このように小学校6年生から中学校1年生にかけての不登校が急増する現象は「**中1ギャップ**」とも言われ不登校の特徴として着目されている（図9-2）。

国立教育政策研究所はこの「中1ギャップ」の実態を明らかにするため2003（平成13）年に『中1不登校調査』を実施している。ここでは小学校4～6年生時の欠席日数と保健室等登校の日数を加算し、遅刻早退の日数を半日分の欠席として加算した「**不登校相当**」を想定した。その結果、2003（平成13）年度の中学校1年生の不登校生徒のうち半数以上の51.3％は小学校の4年生から6年生で不登校相当の「経験あり」群で、「経験なし」群は21.5％であった。つまり、小学校から中学校の増加は従来考えられていたものよりも小さい可能性が明らかになっている。また、「経験あり」群と「経験なし」群は、中学校1年生時の休み方に差がある点も明らかになっている。中1の7月時点で欠席日数が30日を超える生徒が「経験なし」群の場合では10％に満たないのに対し、「経験あり」群では既に50％を占めており、「経験あり」群に対する1学期当初からの初期対応の重要性が示唆されている（図9-3）。

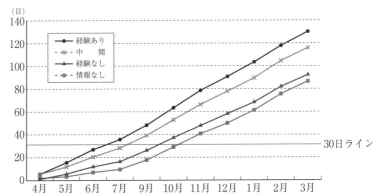

図9-3 中1不登校 小学校状況別月別累積欠席日数

出典：国立教育政策研究所『中1不登校生徒調査（中間報告）―不登校の未然防止に取り組むために―』（2003年）

　この他にも、上記の文部科学省の調査では「不登校のきっかけと考えられる状況」も報告され、小学生、中学生ともに「不安など情緒的混乱」「無気力」といった「本人に係る状況」が上位を占めることが明らかになっている。また、「学校に係る状況」では小学生・中学生ともにいじめを除く友人関係をめぐる問題が上位に入っている。一方、小学生と中学生の違いも見られ、小学生では「親子関係」や「家庭の生活環境の変化」など「家庭に係る状況」が上位なのに対し、中学生では「友人関係」や「あそび・非行」などが上位に入っている。不登校は複雑な現象であり、各ケースにより実態は異なるが、このような統計調査は一般的傾向の把握に役立つため生徒指導において欠かせない資料の一つとなる。

3. 教師に求められる対応及び関係機関との連携

(1) 指導体制の確立

　第2節では、**不登校**に関わる基本的事項の概略を見てきた。そこで、本節ではそれを踏まえ実際の不登校に対して教師や学校がどのように対応すべきかを

概観する。ここまで見てきたように不登校にはさまざまな原因・背景が存在するため、対応の際は不登校の児童生徒を適切に**アセスメント**すると同時に、児童生徒の将来の成長をめざし、学校内はもちろん地域のネットワーク等を積極的に活用して「チーム学校」として組織的に対応していくことが大切になる。

　不登校への適切な取り組みとしては主に以下の3点が挙げられる（国立教育政策研究所『不登校への対応と学校の取組について』ぎょうせい、2004年）。第一は、学校全体の指導体制の確立である。第10章の**教育相談**体制の確立にあるように、不登校についても学校全体の指導体制の充実が必要になる。ここでは管理職である校長のリーダーシップの下、教職員が連携を密にして校内の指導体制を構築する必要がある。また、この指導体制を基盤に不登校への効果的な対応を進める中心的な指導組織も必要になる。この組織は学校によって異なるが、**生徒指導部**、教育相談部の中で行われる場合や、不登校対策委員会等が組織される場合もある（図9-4）。

　第二は、教職員の役割分担である。ここでは学校全体の指導体制を踏まえ、学校内における教職員の役割を明確化することが必要になる。不登校対応の中心は学級担任になることが多いが、効果的な対応のためには**コーディネーター**の役割を果たす教員を明確に位置付けることが必要となる。たとえば、**養護教諭**や教育相談担当の教員がコーディネーターとなる場合は、教室以外の保健室や相談室の整備などの環境調整も行う。また、**スクールカウンセラー**は、不登校の児童生徒への対応、保護者との相談、教員からの相談への対応・助言、教員等に対する研修、専門機関の紹介等を行う。その他にも、学内だけではなく必要に応じて外部の専門機関等に**リファー**（委託）するなどそれぞれの役割を明確にしたチーム援助が重要になる。

　第三は、早期の状況把握と的確なアセスメントである。不登校状態の児童生徒はもちろんのこと、不登校傾向がみられる場合なども早期に状況を把握し、的確なアセスメントを行って早期発見・早期対応することが基本となる。ここでも児童生徒ごとにコーディネーターの教員や学級担任などを中心にチームを組んで対応することが有効となる。

図9-4 不登校対策委員会を中心とした指導体制と取組（例）

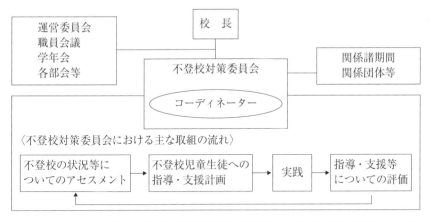

出典：国立教育政策研究所『不登校への対応と学校の取組について』

(2) 不登校に対する三段階のカウンセリング

不登校対策として不登校を減らすためには、欠席日数が30日を超えて不登校状態になった児童生徒への対応だけでは不十分である。不登校にならないようにする開発的なかかわり、不登校傾向がある場合それを予防する予防的な関りも重要となる。つまり、不登校の対応には、すべての子どもを対象に、**開発的カウンセリング**、**予防的カウンセリング**、**治療的カウンセリング**を行う必要がある。第10章で詳述するように、このような生徒指導上の問題に対応を行う際に、学校心理学の分野では「心理教育的援助サービス」が提唱されている。ここでは、すべての子どもを対象とする「一次的援助サービス」（開発的カウンセリング）、配慮を要する一部の子どもに対する「二次的援助サービス」（予防的カウンセリング）、特に困難さを持つ特定の子どもに対する「三次的援助サービス」（治療的カウンセリング）の三段階の援助サービスが提唱されている（第10章参照）。

他の生徒指導上の諸問題に対する働きかけと同様に、不登校の対応について

も大きく分けてこの開発的カウンセリング、予防的カウンセリング、治療的カウンセリングが重要になる。開発的カウンセリングでは、すべての児童生徒を対象に、不登校が発生しないように指導を行う。つまり、ここでは心理教育プログラムなどを活用して、不登校に陥らないよう対人関係スキルの獲得を目指す取り組みや、授業づくりや集団づくりを通して児童生徒の登校意欲を高める魅力的な学校づくりを行う。予防的カウンセリングでは、不登校への発展のリスクを抱えている一部の児童生徒を対象に予防的な指導を行う。ここでは、最近休みが多くなっている、保健室に頻繁に行くなど、児童生徒の援助ニーズを早期に発見して不登校への発展を阻止する対応を行う。治療的カウンセリングでは、開発的カウンセリング、予防的カウンセリングで対応できずに実際に不登校になってしまった児童生徒を対象に不登校に対する指導を行う。ここでは、必要に応じて外部の専門機関等との連携を行い、学校復帰、社会復帰できるよう対応を行うことになる。

　不登校への対応で大切なことは、常に三段階のカウンセリングを心がけることである（図9-5）。不登校への対策というと不登校に陥った状態に対する治療的カウンセリングのみをイメージしがちであるが、このような事後対応中心の取組だけでなく、未然防止、初期対応、自立支援の順に取り組む姿勢が必要になる。

4. 高等学校における中途退学の動向

(1) 高等学校における中途退学

　不登校に関連する生徒指導上の諸問題として、高等学校の**中途退学**も看過できない問題である。「中途退学」とは、年度の途中に校長の許可を受け、または**懲戒**処分を受けて退学した者等をいい、転学者及び学校教育法施行規則の規定（いわゆる飛び入学）により大学へ進学した者は含まない。不登校の**中1ギャップ**に小学校からの連続性があるのと同様に、中途退学も高等学校の問題だけではなく、幼少期からの児童生徒の成長過程やさまざまな教育問題が関連

第 9 章　不登校　121

図 9-5　「不登校」に取り組む際の三つのステップとその流れ

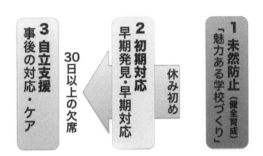

出典：国立教育政策研究所『不登校・長期欠席を減らそうとしている教育委員会に役立つ施策に関する Q & A』

している（『提要』）。

　文部科学省は高等学校における中途退学者数についても 1982（昭和 57）年から調査を実施している。高等学校の中途退学者数は、調査開始以来、1990（平成 2）年度を最高として増減を繰り返し、2000（平成 12）年度以降は減少傾向にある。このように近年の高等学校の中途退学者数は減少傾向にはあるものの、依然として相当数に上っており、ニート、フリーター、引きこもりなどとの関連も指摘されていることから、中途退学の問題は生徒指導上の課題となっている。

　中途退学の事由としては、従来多かった「学業不振」や「家庭の事情」で高等学校を中途退学するケースは高等学校教育の多様化や教育的配慮により減少傾向にある。一方で近年では、「学校生活・学業不適応」から中途退学するケースが増えている。これは社会環境の変化により児童生徒の対人関係能力や社会性が十分に育っていないこと、情報化社会の中で将来に対する時間的展望の持ちづらいことなどさまざまな原因があると考えられている（『提要』）。このことからも不登校と同様に中途退学も社会環境の変化とともにその様相が変化している様子が伺える。

　また、この中途退学については不登校から中途退学に至るケースも多いため

高等学校でも不登校対策を行う必要がある。第1節と第2節では小学校・中学校における不登校の特徴を概観したが、上記の『児童生徒の問題行動等生徒指導上の諸問題に関する調査』では高等学校の不登校も相当数に上っている。また、第2節でみた不登校の中1ギャップの現象と同様に、中途退学者の多くが小・中学生のときに不登校経験があることも明らかになっている。そのため、不登校や中途退学の防止のためには、小学校、中学校、高等学校での生徒指導やキャリア教育を通して、早期から児童生徒の学力及び社会性を育成する教育が重要になる。

(2) 中途退学への対応

内閣府が実施した2010（平成22）年度『若者の意識に関する調査（高等学校中途退学者の意識に関する調査)』では、高等学校**中途退学**者の多くが、就労、家庭環境、経済面等においてさまざまなハンディキャップを負っていること、またそのうちの多くの生徒が将来への不安感を抱きつつ多様な支援を必要としていることが指摘されている。中途退学への対応は、前項でも述べたようにまず何より義務教育段階から高等学校を通しての生徒指導や**キャリア教育**が重要な意味を持ち、高等学校での不適応を事前に防止する必要がある。また、上記の内閣府の調査では、多くの生徒が事前に教師に相談せずに退学する状況がある。そのため、入学後は**教育相談**活動を充実させ、生徒が孤立しないように、日ごろから相談ができる関係性を構築しておく必要がある。

また、中途退学した理由として「欠席や欠時がたまって進級できそうもなかった」が最も多いことから（図9-6)、欠課時数が多い場合は、補習授業や再試験の実施や高等学校卒業程度認定試験の活用など弾力的な教育的配慮も望まれる。また「勉強がわからなかった」、「人間関係がうまくいかなかった」などの理由も上位にあがっていることから、三段階のカウンセリングによる「学習面」「心理・社会面」への支援が必要となる。加えて、ここでも**発達障害**や精神疾患のある生徒、あるいはその疑いがある生徒など、治療的カウンセリングが必要となる援助ニーズを抱えた生徒がいる場合は、**スクールカウンセラー**

第9章 不登校

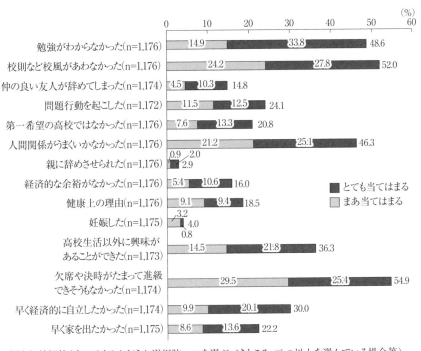

図9-6 中途退学した理由

(注)無効解答(当てはまるかどうか選択肢一つを選ぶべきところ、二つ以上を選んでいる場合等)については、各項目のnから除いています。

出典:内閣府『若者の意識に関する調査(高等学校中途退学者の意識に関する調査)報告書(解説版)』(2011年)

などを含めたチーム援助での指導が必要になる。その際は、必要に応じて、適切な相談機関や**児童相談所**、医療機関など外部の専門機関と連携し生徒の悩みに対応することが重要になる(『提要』)。

一方、このような働きかけにもかかわらず中途退学を望む生徒には適切な**進路相談**を行う必要もある。生徒自身や保護者との綿密な相談のもと、本人が他校への進学を希望する場合は他校への紹介を行い、就職を希望する場合はハローワーク等の紹介を行う。上記のように中途退学はさまざまな面でハンディ

キャップを負う場合も多く、他機関との連携も含めた適切な支援が必要になる。

＜参考文献＞

・国立教育政策研究所『中1不登校生徒調査（中間報告）―不登校の未然防止に
　取り組むために－』（2003年）

・文部科学省「今後の不登校への対応の在り方について（報告）」（文部科学省、
　2003年）

・国立教育政策研究所『不登校への対応と学校の取組について　小学校・中学校
　編』（ぎょうせい、2004年）

・国立教育政策研究所『不登校・長期欠席を減らそうとしている教育委員会に役
　立つ施策に関するQ＆A』（2012年）

第 10 章

生徒指導と教育相談

1. 教育相談の意義

　皆さんは「**教育相談**」という言葉にどのようなイメージがあるだろうか。教育相談というと、とかく悩みや問題を抱えた児童生徒への相談といった消極的な側面のイメージが強いが、生徒指導と同様に教育相談の意義はこのような消極的な側面のみにあるわけではない。そこで、本章では生徒指導における教育相談の基本事項を概観する。まず、本節では生徒指導の一環である教育相談が、生徒指導の中にどのように位置付けられているのかを確認してみよう。

⑴　生徒指導と教育相談

　第 1 章で触れられているように、生徒指導には、児童生徒の問題行動への対処という消極的な側面だけでなく、すべての児童生徒が自ら問題を解決し、社会に適応できる能力の育成を図る積極的な側面がある。この中で、生徒指導の一環である**教育相談**の定義は「教育相談とは、本来、一人ひとりの子どもの教育上の諸問題について、本人またはその親、教師などに、その望ましいあり方について助言指導をすることを意味する。言い換えれば、個人の持つ悩みや困難の解決を援助することによって、その生活によく適応させ、人格の成長への援助を図ろうとするものである」とされている（文部省『生徒指導の手引き』、1981 年）。

　また、『中学校学習指導要領解説（特別活動編）』によると、「教育相談は、

一人ひとりの生徒の教育上の問題について、本人またはその親などに、その望ましい在り方を助言することである。その方法としては、1対1の相談活動に限定することなく、すべての教師が生徒に接するあらゆる機会を捉え、あらゆる教育活動の実践の中に生かし、教育相談的な配慮をすることが大切である」とされている。

　これらの記述からもわかるように、生徒指導の意義と同様に、本来、教育相談の意義は特定の児童生徒への問題の対処といった消極的な側面だけでなく、すべての教師がすべての児童生徒を対象に社会的な**自己指導能力**の育成を目指す積極的な側面にある。その中で教育相談と生徒指導の相違点は、教育相談が主に個人に焦点をあて個人の内面の変容を図るのに対し、生徒指導は主に集団に焦点をあて集団としての変容を目指し、結果として個人の変容に至る点にある。このように教育相談と生徒指導は重なる部分も多くあるが、教育相談は、生徒指導の一環として位置付けられ、その中心的な役割を担うものとされている（文部科学省『生徒指導提要』2010年：以下、『提要』）。

(2)　学校における教育相談の特質

　上記のように、生徒指導の基盤的機能を担っている**教育相談**にも学校で実践する上での利点と課題がそれぞれ存在する。そこでここではその利点と課題を確認してみよう。学校での教育相談の利点として主に以下の3点が挙げられる（『提要』）。第一は、早期発見・早期対応が可能という利点である。児童生徒は日常生活の大半の時間を学校内で過ごしている。そのため、第3章で述べた方法を用いて教師は学校のあらゆる場面で児童生徒を**アセスメント**し、問題のサインを早期に発見することできる。また、第3節で詳述するようにその対応も開発的、予防的、治療的といったさまざまな段階でのカウンセリングが可能となる。

　第二は、**援助資源**が豊富であるという利点である。学校には校長などの管理職をはじめ、学級担任、教育相談担当教員、**養護教諭**、**スクールカウンセラー**などさまざまな立場の援助者がいる。つまり、学校心理学の枠組みから言えば、

心理教育的援助を主たる仕事として行う「専門的ヘルパー」（スクールカウンセラーなど）、職業上複数の役割に関連させながら一側面として心理教育的援助をする「複合的ヘルパー」（教師など）、役割のひとつあるいは一側面として心理教育的援助を行う「役割的ヘルパー」（保護者など）など、多様な援助資源が学校には存在し、すべての児童生徒を対象にチームで心理教育的援助を行うことができる。

　第三は、連携が取りやすいという利点である。学校は公的教育機関であるため学校内部はもちろんのこと外部との連携も取りやすい。学校心理学ではこの連携を「**援助チーム**」と呼ぶ。援助チームとは、「援助ニーズの大きい子どもの学習面、心理・社会面、進路面、健康面における問題状況の解決を目指す複数の専門家と保護者によるチーム」と定義される（石隈利紀『学校心理学』誠信書房、1999 年）。この援助チームの特徴は第 2 節で詳述するが、医療機関や福祉機関などとの連携は、困難な問題の解決に欠かせず日頃からの関係づくりが重要となる。

　一方、学校における教育相談にはその課題も存在する。学校における教育相談の主な課題としては以下の 2 点が挙げられる（『提要』）。第一は、実施者と相談者が同じ場にいる難しさである。これは教育相談における面接にそれ以外の場面の児童生徒と教員の人間関係が反映するということである。たとえば成績評価者である教師に自分の悩みを安心して相談しにくいというケースなども考えられる。このような場合は学校における教育相談の利点である多様な援助資源を活用し、必要に応じてスクールカウンセラーなど児童生徒が中立的と感じやすい者が教育相談を行えるよう校内で連携を図ることも必要となる。

　第二は、**学級・ホームルーム担任**が教育相談を行う場合の葛藤である。教師には児童生徒を社会化するための「指導的な関わり」と心理的な面への配慮である「援助的な関わり」の二つの「教師役割」が求められる。しかし、一人の教育者が連続性はあるが異なる二重の関係（縦の関係と横の関係）を十分に機能させることは簡単ではない（岡田敬司『かかわりの教育学―教育役割くずし試論』ミネルヴァ書房、1993 年）。教師は生徒の社会化のため権威的な「縦の関わり」

を行わざるを得ない場面もある。そのため、指導的な関わりと援助的な関わりのバランスを取った児童生徒との日頃からの信頼関係づくりや、必要に応じた多様な援助資源の活用が教師には求められる。以上のように教育相談は学校の基盤的機能を担っているが、それぞれ利点と課題も存在する。そのため教師はこのような点を念頭に入れながら実際の教育相談を行っていく必要がある。

2. 教育相談体制

(1) 教育相談の体制づくり

　教育相談を効果的に行うためには何よりも教育相談の体制づくりが重要になる。教育相談は、教育相談を担当する教師だけでなく、すべての教師によって学校のさまざまな教育活動で行われる。そのため、教育相談を適切に推進するためには、**校務分掌**として位置付け、校内体制を整備し、学校全体での組織的な取り組みが必要となる。このような教育相談体制づくりの前提としては、管理職の指導のもと教員が児童生徒と向き合うための時間の確保とそのための条件整備が求められる。また、教育相談体制の構築には養護教諭や**スクールカウンセラー**などの**コンサルテーション**（相談・助言）の役割も重要になる。

　さらに、教育相談の機能を効果的に発揮するためには、教育相談に対する教員一人ひとりの意識を高めることが必要になる。近年、**暴力行為・いじめ・不登校**など児童生徒のさまざまな問題が表面化している。また、従来の「**反社会的行動**」（学校の規則の違反行為や他人に危害を加える、社会規範にそむくなどの行動）に加え、「**非社会的行動**」（社会的接触を避け、自己の健康を害して身体的、精神的に健康な発達を妨げる行動）の問題も増加するなど、児童生徒の多様な問題に教師の対応が求められている。そのため教育相談では、**特別支援教育**などと連動して、多様な児童生徒の援助ニーズに対応できるよう、多様な「相談形態」や「相談方法」の選択肢を準備することが求められる。

第 10 章　生徒指導と教育相談　129

(2)　組織的な教育相談

　前項でみたように、**教育相談**を効果的に推進するためには**校務分掌**として位置付け、校内体制を整備し、学校全体での組織的な取り組みが必要となる。教育相談の部・係などの校内組織に位置付けは、各学校の種別、規模、教育相談の理解や認識によってもさまざまである。しかし、主に学校の校務分掌組織における教育相談の組織は「独立型」、「他の部などへの所属型」、「専門委員会型」

表 10-1　教育相談の校内組織

校内組織の形態	形態の内容		長所と短所
①独立型	教務部、生徒指導部の部・係のように、分掌校務の中に教育相談の部や係が独立して存在する場合。	長所	部や係として効率的な独自の運営が可能。各学年の代表とも連携でき、情報の収集・伝達も円滑。
		短所	独立した組織であることを意識しすぎ、他の部や係、教職員との連携が取れず孤立したり意思疎通を欠いてしまう場合も。
②他の部などへの所属型	教育相談部として独立させず、生徒指導部などほかの部の中に所属させて、教育相談の係を設ける場合。	長所	生徒指導部、進路指導部、保健部など、所属する部の特徴を生かして、生徒指導の一環としての教育相談の機能を発揮することができる。
		短所	各部の中での対応にのみ追われ、本来、積極的な機能を持つ教育相談が適切に行われない可能性がある。
③専門委員会型	学校の校務分掌組織の中で、保健委員会、図書委員会のような専門委員会の一つとして教育相談委員会を設置し、その中で直接相談に当たる部門として教育相談係を置く場合。	長所	関係する各部門の責任者が加わって教育相談を企画運営するため共通理解が得やすく、教育相談の担当者が直接個々の来談者の相談に専念でき効果的である場合が少なくない。
		短所	相談内容の秘密保持などが困難となることが少なくない。

出典：文部省『学校における教育相談の考え方・進め方』(1990 年) を参考に作成。

の三つに分類される。また、近年は**特別支援教育**の校務分掌の中に教育相談が含まれる形も新たに設置されるようになっている。表10-1に示したように、それぞれの型には長所と短所があるが、学校の規模や教育相談への理解の程度など、それぞれの学校の実情に合わせていずれかの型が採用されていることが多い。

　組織づくりの次に、重要となるのが「教育相談の計画」の策定である（『提要』）。教育相談が十分な成果を上げるためには、その計画が学校の教育計画全体の中に位置付けられていなければならない。教育相談に関する計画としては、全体計画、年間計画、それを受けた具体的な実施計画が柱となる。また、この計画の中では「教育相談の研修」も重要な位置を占める。ここでは教育相談で必要とされる教員の資質を養うための校内教員研修として、事例研究会や心理教育プログラムの演習が行われる。また、教育相談の計画の中では、教育相談の諸活動が適切に行われたか、それらの諸活動の結果、問題の解決がどの程度、図られたか「教育相談の評価」を行う必要がある。問題の解決が進んでいない場合、どこにその原因があるのかを突き止め、再度援助計画の作成と実施を行う、計画－実行－評価－改善のサイクル、**PDCA**（Plan-Do-Check-Action）**サイクル**が重要となる。

(3)　援助チームによる教育相談

　近年、教員をはじめ、**スクールカウンセラー**、スクールソーシャルワーカーを含めた援助チームで児童生徒に対応する校内支援体制の整備が進められている。この援助チームの特徴は、複数の専門家で多面的に**アセスメント**を行い、共通の援助方針のもとに、異なった役割を担いつつ、相互に補いながら援助を進めることにある。援助チームは、「**コア援助チーム**」が基本になる。コア援助チームとは、「学校教育において教師・保護者・コーディネーター（スクールカウンセラーなど）が核になり、他の援助資源を活用しながら定期的に援助する心理教育的援助サービスの形態」とされている。コア援助チームは構成員が少数のため、活動のしやすさ、チームとしての成熟、情報の守秘義務等の点

図 10-1 三種類の援助チーム

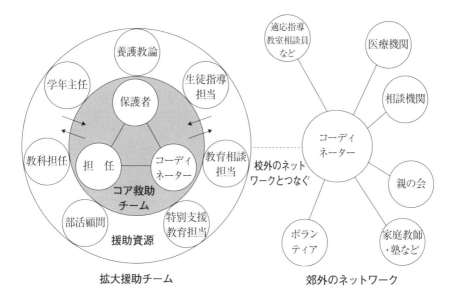

出典：石隈利紀・田村節子『石隈・田村式援助シートによるチーム援助入門』

でも機能的とされている（図10-1）。

　また、このコア援助チームは、児童生徒の援助ニーズの高さや、緊急の度合いによっては、「**拡大援助チーム**」や「**ネットワーク型援助チーム**」に発展する。「拡大援助チーム」は、必要に応じて「コア援助チーム」に**養護教諭**、生徒指導担当、特別支援教育コーディネーターなどの他の教員が加わったものである。「ネットワーク型援助チーム」は、「コア援助チーム」や「拡大援助チーム」に加えてメンバーが保有するネットワークを通じて広く援助を要請するもので、校外の外部機関（医療機関、適応指導教室、親の会、ボランティア）などのさまざまな援助資源が関与する。

3. 教育相談の進め方

⑴ 教育相談の対象、実施者及び場面

第1節でみたように、**教育相談**では、すべての教師が、あらゆる教育活動を通して、すべての児童生徒を対象に、教育目標に沿った働きかけを行う。このような教育相談には主に**開発的カウンセリング**、**予防的カウンセリング**、**治療的カウンセリング**の三つの機能があるとされている。

第一の開発的カウンセリングとは、すべての児童生徒を対象とし、成長・発達・適応などを一層促進して、社会生活に適応できる**自己指導能力**の育成を図る**カウンセリング**である。第二の予防的カウンセリングとは、一部の援助ニーズを抱える児童生徒に**不登校**、**いじめ**、学習意欲の低下などの問題が起きないよう援助するカウンセリングである。第三の治療的カウンセリングとは、不登校、いじめ、発達障害など実際に特別な援助ニーズを抱えた児童生徒の問題解決を図るカウンセリングである。上記のように教育相談は狭い意味の「カウンセリング」という言葉に連想される児童生徒の問題解決を図るためだけのものではない。社会生活に適応できる健全な児童生徒の人格の成長を図るために行う開発的カウンセリング、問題の発生を予め防ぐ予防的カウンセリングもその内容に含まれている。

このように三つの機能を含む教育相談に関して、学校心理学の分野では児童生徒の心理的ニーズに加え、教育ニーズ全般をカバーするものとして「**心理教育的援助サービス**」が提唱されている。この心理教育的援助サービスとは、一人ひとりの児童生徒が、「学習面」、「心理・社会面」、「進路面」、「健康面」における課題への取り組みの過程で出会う問題の解決を援助し、児童生徒が成長することを促進する教育活動とされている。この心理教育的援助サービスでは、教育相談と同様に、すべての児童生徒を対象とする「一次的援助サービス」（開発的カウンセリング）、配慮を要する一部の児童生徒に対する「二次的援助サービス」（予防的カウンセリング）、特に困難さを持つ特定の児童生徒に

図 10-2　三段階の心理教育的援助サービス

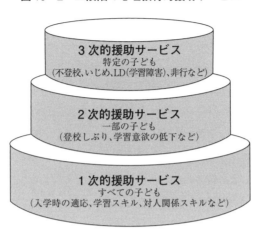

出典：石隈利紀『学校心理学』（誠信書房、1999年）を一部改編

対する「三次的援助サービス」（治療的カウンセリング）の三段階の援助サービスが提唱されている（図10-2）。このような教育相談の特徴を踏まえ、以下では主に三つの機能を持つ教育相談で具体的にどのような活動が行われているかを確認してみよう。

(2)　**開発的カウンセリング（一次的援助サービス）**

開発的カウンセリングは、すべての児童生徒を対象とし、学級、学校全体の教育活動を通して、児童生徒の健全な成長を促進する。そのため、開発的カウンセリングは教師を中心に行われる。ここでは学校の管理職や教職員の積極的な意識が求められ、開発カウンセリングが授業計画や年間行事計画に盛り込まれることが必要になる。また、**スクールカウンセラー**は学校組織や教師に対して開発的カウンセリングを効果的に行うためのコンサルテーションを行う。開発的カウンセリングでは、通常の教科学習などの学習活動に加え、直接的に対人関係スキルなどを育成する**心理教育**（サイコ・エデュケーション）を実施することも効果的で、近年このような取り組みが行われるようになっている。

⑶　予防的カウンセリング（二次的援助サービス）

　予防的カウンセリングは、登校しぶり、学習意欲の低下、友人を作りにくいなど、**開発的カウンセリング**だけでは満たされなかった一部の児童生徒の問題行動を予防するために行われる。ここでは学級担任、教科担当、**養護教諭**、保護者が中心となり、援助ニーズを抱える児童生徒を早期に発見して援助することが重要になる。予防的カウンセリングでは、児童生徒の気持ちを理解するとともに、児童生徒を取り巻く環境・状況を正しく**アセスメント**し、適切なカウンセリングや環境調整を行って問題の発生を未然に防ぐことが必要とされる。また、**スクールカウンセラー**は、教師や保護者が発見した援助ニーズを抱える児童生徒の援助についてコンサルテーションを行う（石隈利紀『学校心理学』誠信書房、1999 年）。

⑷　治療的カウンセリング（三次的援助サービス）

　治療的カウンセリングは、**不登校**、いじめ、**発達障害**、非行など特別な援助が個別に必要な特定の児童生徒を対象とする。教師、**スクールカウンセラー**、保護者は援助チームを作り、児童生徒の状況をアセスメントして、個別教育計画を立て児童生徒を援助する。また必要に応じて医療機関、**児童相談所**などの学外機関との連携を行う。治療的カウンセリングで一般的にどのような活動が行われるかについては以下の 4 つの典型的なプロセスが示されている（新井邦二郎「学校カウンセリング」『教育心理学—学校での子どもの成長を目指して』培風館、2009 年）。第一は、**アセスメント**である。援助ニーズを抱える児童生徒の学習面、心理・社会面、進路面、健康面を査定して、必要とされる援助の焦点がどこにあるのかを明らかにする。第二は、援助資源のアセスメントである。周囲の援助資源のうち誰が援助を行うと効果的かを査定する。第三は、援助計画の作成と実施である。**コーディネーター**を中心に、援助の内容とその実施の計画ならびに援助の担当者を決め、実行する。第四は、援助の評価である。援助が適切に行われたか、それらの援助の結果、問題の解決がどの程度、図られたかを評価する。問題の解決が進んでいない場合は、どこにその原因があるのかを突き

第 10 章　生徒指導と教育相談　135

止め、再度援助計画の作成と実施を行う。以上のように、**教育相談**は三つの機能を持ちチーム援助で行われる。その中で、学級担任の立場、**養護教諭**の立場、管理職の立場など、それぞれ役割分担があるため、教師は「**生徒指導提要**」などを参照し、教育相談での自身の役割を明確に把握する必要がある。

4. 教育相談で活用する技法と倫理

　教育相談において相談を行う際は、**カウンセリング技法**を用いて児童生徒の気持ちを受け止め**ラポール**を構築する必要がある。ラポールとはカウンセラーと相談者の信頼関係のことであり、「この人は自分の味方になってくれる」という認識である。相談に来た児童生徒にただ正論のみをぶつけてしまうと、児童生徒は本音を話せず問題解決にはつながらない。そのため、相談場面の初期段階ではこのようなカウンセリング技法を用いて、まず信頼関係をつくることが必要になる。

　このカウンセリング技法の基本的態度には、「傾聴」、「受容（共感的理解）」、「繰り返し」、「明確化」、「支持」、「質問」などがある。傾聴とは、児童生徒の話す内容を顔の表情やうなづきなどを用いて話を親身に聴き、話を聴いてくれているという印象をあたえる姿勢である。受容とは、相談者の立場に立って悩みや苦しみを理解しようと努めることであり、児童生徒の考えを評価・批判せず、まず、児童生徒の言葉に耳を傾け、受け入れて情緒の開放を図ることを意味する。繰り返しとは、「○○ということなんだね」と要点を整理して繰り返すことで児童生徒の話を理解して受け止めていることである。明確化とは、相談者の言葉の表面だけには見えない、潜在的な気持ちをカウンセラーが言葉にすることである。質問とは、事実関係を理解するときには「閉じた質問」（「はい、いいえ」で答えることのできる質問）、気持ちや捉え方を理解するためには「開かれた質問」を用いて、クライエントの悩みや捉え方についての深い理解をめざす。このような基本的態度は児童生徒とのラポールづくりには欠かせない要素となる。

また、近年は、**開発的カウンセリング**の一つとして心理教育も盛んに行われるようになっている。**心理教育**は、学校教育において学級などの集団に対して行われる、積極的・開発的な教育相談の一つとして捉えられている。このような心理教育として近年は、「構成的グループ・エンカウンター」、「ソーシャル・スキルトレーニング」といった、心理教育的プログラムが開発され、学校現場において広く活用されるようになっている。そのため、教育相談を行う上で、教師はこのようなプログラムも活用することが有効である。

ここまで見てきたように教育相談は、児童生徒の適応や人格形成に関わる重要な実践である。そのため、教育相談では、職務を遂行する上で守らなければならない、倫理上の指針がある。教師や**スクールカウンセラー**など、教育相談に関わる職務を遂行する者は、常に倫理的な自覚をもって職務を遂行し、児童生徒、保護者、そして社会に対する責任と義務を果たさなければならない。

5. スクールカウンセラー、専門機関等との連携

(1) 教育相談におけるスクールカウンセラー

ここまで見てきたように、**教育相談**は基本的に連携やチーム援助の中で行われるものである。中でも**スクールカウンセラー**など専門的ヘルパーとの連携は教育相談において欠かせず、学校の教職員といかに連携が取れるかが効果的な教育相談の鍵となる。このようなスクールカウンセラーの活動として具体的にどのような活動が行われているかをまとめると、その活動内容には主に以下の5種類がある（小林正幸「学校カウンセリング」『心理学辞典』有斐閣、1999年）。

第一は、**アセスメント**である。スクールカウンセラーは専門家の立場から、児童生徒の学習面、心理・社会面、進路面、健康面をアセスメントする。援助ニーズを持つ児童生徒がいる場合は、コーディネーターとなってケース会議などを開催し、必要に応じて個別支援計画を立てて援助を行う。第二は、ガイダンス、**カウンセリング**である。**開発的カウンセリング**、**予防的カウンセリング**、**治療的カウンセリング**など、児童生徒が発達課題に対処できるように援助する

ことを目的として、ガイダンス、カウンセリングを個別あるいは集団で行う。第三は、**コンサルテーション**、啓蒙活動である。スクールカウンセラーがコーディネーターとなり、保護者や教師、教頭、校長などが児童生徒の問題行動や発達に効果的に援助できるようコンサルテーションを行う。第四は、**リファー**（委託）、援助チームによる援助である。特別な援助ニーズを持つ児童生徒や、学校だけでは対応できない場合は外部の専門機関（教育センター、**児童相談所**、警察、病院など）へのリファーや、援助チームによる援助を行う。第五は、心理教育の実施である。学習、人間関係、キャリア形成、自己理解を深めるため、集団に対して、心理学的な考え方や行動の仕方を能動的に教える方法である心理教育を行う。

　この他にも、2008（平成20）年度から「スクールソーシャルワーカー活用事業」が展開され、社会福祉の専門家であるスクールソーシャルワーカーを活用した取組も行われるようになっている。このように、教育相談ではチーム援助が基本となり、それぞれの役割の援助者が、それぞれの専門性を活かして児童生徒の発達を支援していくという姿勢が必要になる。

⑵　専門機関等との連携とは

　第2節でも確認したように、**教育相談体制の充実を図るためには外部の専門機関等との連携も欠かせない**。専門機関等との連携とは、学校だけでは対応しきれない児童生徒の問題行動に対して、関係者や関係機関と協力し合い、問題解決のために相互支援をすることとされている（『提要』）。教育相談の中でも、特に高い援助ニーズを持った児童生徒に対する**治療的カウンセリング**の中では、外部の専門機関との連携が必要になる場合がある。ここで重要なのは、第2節で見た「ネットワーク型援助チーム」としての発想である。学校では対応しきれないと、外部の専門機関に丸投げてしまうのではなく、学校でできる点、学校ではできない点を的確にアセスメントした上で、児童生徒の問題の解決に向けて、援助チームとして活動するという意識が重要になる。そのため、医療機関、児童福祉機関、**児童相談所**、刑事司法機関、NPO組織などとの、日ご

ろからの関係づくりが教育相談を行う上で必要になってくる。この点については、文部科学省（2015）も、「チームとしての学校の在り方と今後の改善方策について（答申）」の中で、スクールカウンセラー、スクールソーシャルワーカー、教育支援センターをはじめとした、学校内外の援助資源をネットワーク化した**「チーム学校」**による支援体制の構築を提言している。

図10-3 「チームとしての学校」像（イメージ図）

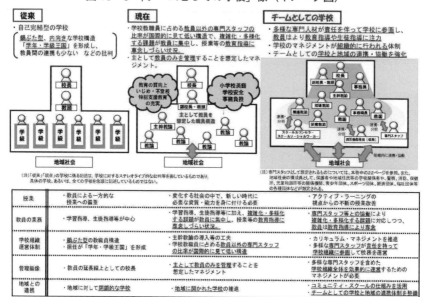

出典：文部科学省『チームとしての学校の在り方と今後の改善方策について』（2015年）

＜参考文献＞

・文部省『生徒指導の手引き（改訂版）』（大蔵省印刷局、1981年）

・文部省『学校における教育相談の考え方・進め方―中学校・高等学校編―生徒指導資料第21集・生徒指導研究資料第15集』（大蔵省印刷局、1990年）

・岡田敬司『かかわりの教育学―教育役割くずし試論』（ミネルヴァ書房、1993年）

・石隈利紀『学校心理学』(誠信書房、1999 年)
・中島義明・安藤清志・子安増生・坂野雄二・繁桝算男・立花政夫・箱田裕司編
　『心理学辞典』(有斐閣、1999 年)
・石隈利紀・田村節子『石隈・田村式援助シートによるチーム援助入門　学校心
　理学実践編』(図書文化、2003 年)
・新井邦二郎・濱口佳和・佐藤純編『教育心理学―学校での子どもの成長を目指
　して』(培風館、2009 年)

第 11 章

学校と家庭・地域・関係機関との連携

1. 家庭・地域・関係機関の役割と連携の意義

(1) 連携の教育的意義

　生徒指導上の諸問題に適切に対応するため、学校の枠を超えた連携体制の確立が、近年とくに重要な課題となっている。本章では、今日の学校に求められる連携のあり方について学習しよう。

　かつて学校の生徒指導においては、児童生徒の**問題行動**等に対し、外部機関に委ねることなく内々で解決しようとする力学が働く傾向もあった。しかし、こうした学校の抱え込み体質をめぐって、今日では強く批判されるようになっていることは周知のとおりである。状況に応じた適切な連携体制の確立が、学校には求められている。

　この連携には、大きく二つの形態がある。ひとつは、すべての児童生徒を対象として、日常的に図られる連携である。この形態において、とくに家庭との連携は重要な位置を占める。学級通信や保護者会、家庭訪問など、学校と家庭が連絡を取り合う手段はさまざまである。こうした日常的な連絡手段を通じて、学校は家庭との信頼関係を構築しておくことが望ましい。また今日では**地域ネットワーク**の形成など、より組織的、体系的に子どもたちを見守る体制も整えられつつある。

　もうひとつは、児童生徒の問題行動等に迅速に対応するための緊急的な連携である。従来からの生徒指導上の諸問題に加え、近年では携帯電話・インター

ネットの普及に伴う新たな問題も生起している。対応の遅れによる事態の悪化を防ぐためにも、学校の指導だけでは不十分と考えられる事案や児童生徒を速やかに保護すべき事案には、**サポートチーム**の形成等による専門的かつ迅速的な対応が求められるようになっている。

いずれの連携も、児童生徒の健全な発達を見守り、支援するために、不可欠なものである。学校にできることとできないことを見極め、適切な連携のあり方を模索する姿勢は、これからの教員に求められる素養のひとつといえるだろう。

(2) 家庭・地域・関係機関の役割

連携の対象となる家庭・地域・関係機関について、それぞれの果たす役割を簡潔にまとめておこう。

家庭は、児童生徒がその人格を形成するうえでの基盤となる生活空間である。家庭における諸々の環境（家族構成、経済状況、両親の考え方、行動の仕方等）が、児童生徒の成長の方向性に多大な影響を及ぼすことは言うまでもない。児童生徒にとって望ましい生活習慣を確立するためにも、学校と家庭とが緊密に連絡をとりあって信頼関係を構築し、指導の方向性を日常的に確かめ合うことが必要である。

地域は、児童生徒にとって、家庭のすぐ外に広がる身近な社会である。近所の子どもたちと遊んだり、大人に挨拶したり、祭りや他の行事に参加したりと、児童生徒に家族以外の他者を意識させ社会性を育むために重要な役割を果たす空間である。また、地域には児童生徒の日常の安全を見守る役割も期待される。伝統的な共同体社会では、この地域こそが子どもを育てる中心的な役割を担ってきた。現代社会では、産業構造の変化や都市化によって地域住民の流動性が高まり、そうした地縁的つながりが希薄になってきた面がある。しかし、近年では改めて**地域の教育力**の再生がうったえられていることもあり、その教育機能の向上に向けたさまざまな取り組みが各地で始まっている。

一方、各々が固有の専門的な領域・機能を有している関係機関との連携は、

第11章　学校と家庭・地域・関係機関との連携　143

表11-1　主な連携先一覧

分野	関係機関等
教育関係	教育委員会、教育相談所、教育支援センター、特別支援学校、公民館
警察・司法関係	警察署／少年サポートセンター、家庭裁判所、少年鑑別所、保護観察所、保護司会、少年院、法務局
福祉関係	児童相談所、児童自立支援施設、児童養護施設、児童家庭支援センター、福祉事務所、家庭児童相談室、民生委員・児童委員、発達障害者支援センター、婦人相談所（女性相談センター）
保健・医療関係	保健所、精神保健福祉センター、病院・診療所
その他	少年補導センター、消費生活センター（消費者センター）、携帯電話等で問題があった場合の相談窓口（電気通信事業者協会、インターネット協会、全国 web カウンセリング協議会 等）、いのちの電話・チャイルドライン等、地域自治会、PTA

出典：『学校と関係機関等との連携』より作成

近年その体制の確立が喫緊の課題となってきた。かつては、学校の教員が十分に専門的な知識を有していない分野についても、その裁量で対処することが少なくなかったが、今日では児童生徒の問題状況に応じて適切な専門機関と連携することが推進されるようになっている。

　学校との連携が期待される関係機関は、表11-1のようにまとめられる。各機関の機能・役割を十分に理解したうえで、適切に連携できるよう日常的に準備を整えておくことが必要である。

(3)　連携の中心となる学校

　家庭、地域社会、関係機関との連携において、中心に位置するのは、子どもたちが最も多くの時間を過ごしている学校である。関係機関との連携はもちろん重要であるが、それは問題を丸投げしてよいということではない。児童生徒に対する日常的な観察・指導に基づいて情報共有することはもちろん、学校が連携体制の中心に位置して全体をコーディネートしていく視点が求められている。

連携の中心に位置する学校においては、まずは連携に対する教職員の共通理解を図ることが重要であろう。児童生徒の問題状況に対し、当該児童生徒の担任のみが問題を抱え込むことのないよう、学校がひとつのチームとなって対応にあたる姿勢を作り上げておかなければならない。

児童生徒の**問題行動**等による事案が発生した際には、その背景も考慮し、学校内で対応できる事案か、警察や**児童相談所**等の外部機関に委ねたほうがよいか、あるいは他の機関・専門家等との連携・協働によって対応するのがよいか、といった方向性を決定することがまず重要になる。学校内での解決が困難な場合には、**サポートチーム**を形成する場合もある。

2. 連携の基本理念

(1) 「開かれた学校」

今日の連携をめぐる基本理念について、その確立の経緯をふまえながら確認していこう。「**生きる力**」や「**ゆとり**」といったキーワードで注目された 1996（平成 8）年 7 月の中央教育審議会答申では、一方で「**開かれた学校**」という理念が提示されていた。以下はその答申の一節である。

　　学校が社会に対して閉鎖的であるという指摘はしばしば耳にするところである。学校や地域によって事情は異なり、この指摘の当否を一律に断定すべきではないが、子供の育成は学校・家庭・地域社会との連携・協力なしにはなしえないとすれば、これからの学校が、社会に対して「開かれた学校」となり、家庭や地域社会に対して積極的に働きかけを行い、家庭や地域社会とともに子供たちを育てていくという視点に立った学校運営を心がけることは極めて重要なことと言わなければならない。

今日の学校教育をめぐる連携の出発点に、この「開かれた学校」の理念があることを確認しておきたい。学校の閉鎖性は、今日でもしばしば批判の対象と

なる。この答申では、学校が家庭や地域の人々と率直なコミュニケーションをとること、家庭や地域社会の支援を積極的に受けて教育活動を展開すること、地域社会の人々に対する学校施設の開放や学習機会の開放を積極的に行うこと、が提案された。

　しかし翌年、神戸市で中学 3 年生の少年による児童殺傷事件が、栃木県黒磯市で中学 1 年生の少年による校内での教員刺殺事件が、立て続けに発生し社会を震撼させた。その影響は、青少年の「心」が健全に育まれていないのでは、という教育批判としても強く現れ、翌 1998（平成 10）年の中央教育審議会答申「「新しい時代を拓く心を育てるために」—次世代を育てる心を失う危機—」へとつながることになる。

　1998（平成 10）年の答申では、「もう一度家庭を見直そう」（第 2 章）、「地域社会の力を生かそう」（第 3 章）といった章が設けられ、家庭や地域における教育のあり方に大きく踏み込んだ提言がなされた。これら提言の基本的な方向性は、1996（平成 8）年の答申と大きく異なるものではなかったが、背景となった事件の影響もあって、児童生徒の「心」の問題やそこから引き起こされる**問題行動**への予防・対処のための連携が、より強く意識されるようになったことは確かである。

⑵　「情報連携」から「行動連携」へ

　児童生徒による**問題行動**への対応策が早急に要求される社会的背景のもと、文部科学省は関係機関等との連携のあり方を調査する研究会を組織した。その成果が以下の 4 つの報告書である。

① 「学校の「抱え込み」から開かれた「連携」へ—問題行動への新たな対応—」（1998 年）
② 「心と行動のネットワーク—心のサインを見逃すな、「情報連携」から「行動連携」へ—」（2001 年）
③ 「問題行動への地域における支援システムについて（調査研究報告書）」

（2002 年）

④「学校と関係機関等との行動連携を一層推進するために」（2004 年）

　一連の報告書をとおして、連携の基本方針とそれを支える体制づくりの方向性が固められていった。その過程を図示すれば、図 11 - 1 のようである。

　ここでは図の右側部分、すなわち「**情報連携**」から「**行動連携**」へという理念が提示された②の報告書についてみていこう。

　連携の出発点は、先述したように、学校の「抱え込み」体質からの脱却にあったが、その次のステップとして示されたのがこの理念であった。②の報告書では、児童生徒の問題行動やその予兆に対し、学校、教育委員会、家庭、地域社会、関係機関等が互いに連携し、一体となって取り組むことの重要性が強調された。そして、その際に必要とされた連携のあり方が、「情報連携」を超えた「行動連携」である。ここでいう「情報連携」とは、「**問題行動に関する情報の交換**」にとどまるレベルの連携、「行動連携」とは、「互いに意思の疎通を図り、自らの役割を果たしつつネットワークとして一体的な対応を行う」連

図 11 - 1　学校の「抱え込み」から開かれた連携へ

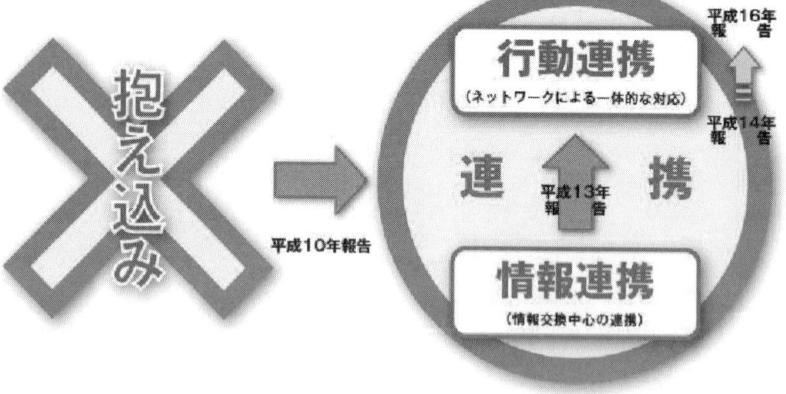

出典：『学校と関係機関等との連携』

携のこととされている。

　「行動連携」のためのシステムづくりとして、**地域ネットワーク**の形成と**サポートチーム**の組織化が提唱された。地域ネットワークは、市町村や中学校区を単位として、「教育委員会等の行政が中心となって、学校、ＰＴＡ、教育委員会、地域住民、関係機関（教育センター・教育相談所、少年補導センター、警察（少年サポートセンター）、少年鑑別所、保護観察所、**児童相談所**、家庭児童相談室、精神保健福祉センター、保健所等）、保護司（会）、児童委員、民間団体など」によって形成される「ゆるやかな連合体」である。児童生徒に対する日常的な見守りを中心として、連絡をとりあうことが期待されている。

⑶　サポートチームによる「行動連携」

　一方、②の報告書に現れた**サポートチーム**の提案は、③④の報告書でさらに具体化され、今日の「**行動連携**」の核心となった。サポートチームは、**地域ネットワーク**を基盤としつつ、必要に応じて機動的に形成される。以下のフローチャートをもとに、サポートチームによる「行動連携」のあり方をみていこう。

　地域ネットワークによる日常的な連携を基盤とし、児童生徒による**問題行動**あるいはその予兆が生じた場合に、サポートチームの形成が検討される。事態を悪化させないためにサポートチームが必要と判断された場合は、通常学校長あるいは教育委員会から要請が行われ、要請を受けて、メンバーの選定、役割分担、連携調整役の決定が行われる。

　サポートチームの活動は、情報・問題意識の共有に始まり、指導目標（短期・長期）の設定、指導計画の作成、活動記録の作成・保存、と進行していく。このとき、学校はこれまでの指導経過等について説明を行い、共通理解を図ったうえで、同じ方向性を持った指導・支援のあり方をサポートチーム内で模索することが必要である。

　活動の終結判断もまた、協議によってなされる。サポートチームによる活動が終結されるのは、①学校や地域ネットワークによる対応が可能となった場

図 11-2 連携のフローチャート

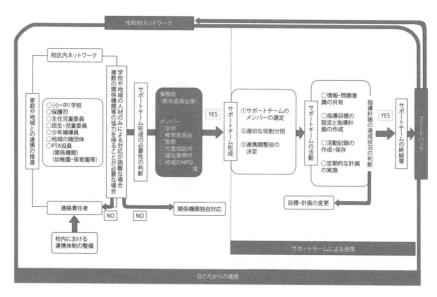

出典：(『学校と関係機関等との行動連携を一層推進するために』より作成)

合、②当初の指導目標（長期）が達成された場合、③少年院送致等によりサポートチームによる対応が不可能な状況となった場合、などが挙げられる。もちろん、児童生徒の立ち直りに向けた支援そのものはチーム解散後も継続されるべきものであり、**問題行動**等の再発の予兆を見逃さないように留意したい。

サポートチームでは、複数の関係機関の人間が児童生徒の個人情報に触れることから、個人情報保護には特に注意しなければならない。共有する情報は必要な範囲に限定し、守秘義務を明記した規約等を整備しておくことも必要である。

第 11 章　学校と家庭・地域・関係機関との連携　149

3. 連携をめぐる具体例

⑴　非行防止教室の開催

　連携の具体相をめぐっては、第 9 章や第 10 章においても紹介されており、そちらも併せて参照してほしい。ここではそれ以外の事例として、**非行防止教室**と**児童虐待**の防止をとりあげよう。

　非行防止教室とは、少年の**非行**防止及び**問題行動**抑止を目的として、各学校、教育委員会、警察及び社会教育関係団体等が連携しながら実施する教育・啓発活動である。2003（平成 15）年に出された「青少年育成施策大綱」や「犯罪に強い社会の実現のための行動計画—「世界一安全な国、日本」の復活を目指して—」において、その推進が明記された。

　非行防止教室は、警察やその他の外部機関から講師を招聘するかたちで行われるのが一般的である。実施にあたっては、少年非行に関わるさまざまなテーマから学校や地域の実情に応じて選択し、さらに学校段階や学年による発達段階をふまえ、教育課程への位置付けを図ることが求められる。

　取組まれるテーマの具体例としては、喫煙や飲酒、薬物乱用等の防止に関するもの、性の逸脱行動等の防止に関するもの、窃盗、万引き、暴走行為等の防止に関するもの、児童生徒の犯罪被害防止に関するもの、等がある。また、児童生徒の保護者を対象として、同様の内容について啓発を図る場合もある。

　このような取組みの実施によって、受講者がテーマに関する理解を深めることはもちろん、学校と外部機関との連携意識を高める効果や、児童生徒にとっては教師以外の大人から教育を受けることによる効果も期待される。取り組みの成果は評価としてまとめ、次回以降の実践につなげられるとよいだろう。

⑵　児童虐待の防止

　児童生徒の**問題行動**に対処するだけでなく、児童生徒を被害から守ることについても、学校は関係機関と連携しながら適切に対応を進めなければならな

い。とくに**児童虐待**は、今日における重大な社会問題のひとつである。

　90 年代における社会的関心の高まりを受け、2000（平成 12）年に、「**児童虐待の防止等に関する法律**」（以下「児童虐待防止法」）が成立した。この法律により、児童虐待が身体的虐待、性的虐待、ネグレクト、心理的虐待に相当するものであることが定義され、住民の通告義務等が定められた。さらにその後、本法は数度の改正を経て、保護者以外の同居人による虐待的行為の放置も児童虐待に含まれることや、児童の安全確認のための立ち入り調査等を強化すること、虐待対応における市町村の役割の明確化などを定め、対応策を整備してきた。

　児童虐待の検挙状況をみると、2017 年における検挙件数、検挙人員、被害児童数は、いずれも過去最多を記録している。特に、ここ 10 年間での検挙件数は 3 倍以上と大幅な増加を見せている。虐待の内訳としては、身体的虐待が約 80% を占めており、虐待によって被害児童が死亡に及ぶケースもみられる。

　学校及び学校の教職員は、こうした児童虐待を比較的発見しやすい位置にあり、早期発見に努めなければならないことが「児童虐待防止法」にも明記されている（第 5 条）。もし児童虐待を受けている疑いのある児童生徒を発見した場合には、「市町村、都道府県の設置する福祉事務所若しくは**児童相談所**に通告」する義務が生じる。かつては虐待に確証が持てず、通告がためらわれるケースも少なくなかったが、現在の法律のもとでは疑いを持った段階での速やかな通告が求められている。

　児童虐待防止をめぐる連携としては、たとえば「要保護児童対策地域協議会」（**子どもを守る地域ネットワーク**）が現在組織されている。市町村の教育、福祉、保健担当部局のほか、児童相談所等が参加して調整機関を組織し、関係機関に参加を呼びかけるかたちで構成されるネットワークである。こうした組織の形成により、児童虐待の早期発見・早期対応につながる効果や、関係者が互いに顔見知りになることで連携をとりやすくなる効果などが見込める。学校の積極的な参加も期待されており、児童虐待の防止へ向けて教職員が意識を高めていくことが重要である。

第 11 章　学校と家庭・地域・関係機関との連携　151

＜参考文献＞

・児童生徒の問題行動等に関する調査研究協力者会議「学校の「抱え込み」から
　開かれた「連携」へ―問題行動への新たな対応―」（1998 年）

・少年の問題行動等に関する調査研究協力者会議「心と行動のネットワーク―心
　のサインを見逃すな、「情報連携」から「行動連携」へ―」（2001 年）

・高橋超他編『生徒指導・進路指導』（ミネルヴァ書房、2002 年）

・学校と関係機関との行動連携に関する研究会「学校と関係機関等との行動連携
　を一層推進するために」（2004 年）

・「非行防止プログラム事例集」資料作成委員会編『非行防止教室等プログラム
　事例集』（2004 年）

・文部科学省国立教育政策研究所生徒指導研究センター『生徒指導資料第 4 集
　学校と関係機関等との連携―学校を支える日々の連携―』（東洋館出版社、
　2011 年）

第12章

進路指導とキャリア教育

1. 進路指導の理念と歴史的推移

⑴ 生徒指導と進路指導

　本書の最終章として、**進路指導**と**キャリア教育**についての理解を深めよう。従来からある進路指導という用語に対し、キャリア教育は比較的新しい概念である。それぞれが何を目指してどのような活動を行うものか、また両者の関係はどうなっているのか、順を追って確認していこう。

　まず、生徒指導と進路指導の関係から考えてみたい。両者の関係はどのようにイメージされるだろうか。

　たとえば、中学校や高等学校などにおいては**生徒指導主事**と**進路指導主事**を置くことが学校教育法施行規則によって定められている。こうした**校務分掌**にみられるように、両者は別個のはたらきを期待された独立の存在であるという見方も可能である。

　一方、第1章で確認したように、生徒指導とは、「一人ひとりの児童生徒の個性の伸長を図りながら、同時に社会的な資質や能力・態度を育成し、さらに将来において社会的に自己実現ができるような資質・態度を形成していくための指導・援助であり、個々の児童生徒の**自己指導能力**の育成を目指すもの」（『生徒指導提要』）と定義されていた。児童生徒の将来的な**自己実現**を見据えた幅広い指導・援助が生徒指導であるならば、そこには進路指導の領域も当然包含されることになる。

このように、生徒指導と進路指導の関係を把握する視点は必ずしもひとつではない。この他にも、後述する進路指導の歴史的視点にたてば、進路指導の領域に生徒指導が包含されるという見方も成り立つのである。

(2) 進路指導の目的と意義

進路指導というと、中学校や高等学校において進学や就職の方向性を具体的に決定するための全体ガイダンスや個別面談、という印象を持つ者は少なくないだろう。確かに多くの学校現場における進路指導が、進学や就職の実績を残すことにもっとも力を入れてきた事実は否定できない。従来の進路指導がいわゆる「**出口指導**」と揶揄されてきたのも、そうした一面に由来する。

しかし、進路指導の本来の意義は決して「出口指導」に終始するものではない。文部科学省の整理によれば、進路指導は以下の6つの活動を通して実践されることになっている。

①個人資料に基づいて生徒理解を深める活動と、正しい自己理解を生徒に得
　させる活動
②進路に関する情報を生徒に得させる活動
③啓発的経験を生徒に得させる活動
④進路に関する相談の機会を生徒に与える活動
⑤就職や進学等に関する指導・援助の活動
⑥卒業者の追指導に関する活動

従来の進路指導は、これらのうち⑤の側面がとくに強調されてきたものと言えるだろう。進学や就職を控えた生徒に対し具体的な支援・指導を行うことも確かに進路指導の一部ではあるが、これのみで進路指導は完結するものでないことに留意が必要である。

各項目についてもう少し補えば、①は教師による生徒理解、生徒による自己理解の双方の重要性を述べたものである。教師にとって生徒の個性を正しく把

握することは進路指導に限らず教育活動の基本であるが、とくに進路指導においては生徒が自分自身の適性・志向・能力を正しく把握することによって、はじめて主体的な進路選択が可能となる。②③④の活動も併用しつつ、生徒自身が自己理解を深められるような指導を心がけることが大切である。とくに近年ではキャリア教育の取組みとも関連して、③の啓発的経験に注目が集まっている。中学校における職場体験、高等学校におけるインターンシップの実施などは、その代表的なものといえよう。

　さらに、在学生徒に対する指導だけでなく、⑥の卒業生に対する追指導も、進路指導の一環として位置付けられる。追指導とは、卒業後の生徒に対し、訪問、招集、文書や電話といった手段によって連絡を図り、卒業生が新たな生活に適応できるように指導・援助を行っていく活動である。

　このように、本来の進路指導の活動は幅広い。進路指導の目的は、生徒が自身の人生における自己実現の意味と向き合い、正しい自己理解に基づいて主体的に進路を選択できるようになるための能力や態度の育成にある。その指導の場は、ガイダンスや面談など特定の時間に限られるものではなく、教科指導の時間や教科外の諸活動、あるいは日常の触れ合いのなかで受ける教師からの薫陶など、あらゆる機会が、生徒にとっては新たな自己を発見し、人生について考える契機となりえることを忘れてはならない。

(3) 進路指導をめぐる歴史的推移

　日本において、進路指導はどのような経緯を経て現在に至ったか、その歴史的推移を概観しておこう。

　かつて進路指導は、「職業指導」と呼ばれていた。大正時代に、vocational guidance の翻訳として、アメリカから導入された概念である。1917（大正6）年に、東京に児童教養研究所が創設されたことが公的施設における職業指導の端緒とされ、学校外に設置された公的施設によって行われる職業指導・職業斡旋の動きが徐々に広がっていった。

　外部機関による職業指導・職業斡旋に始まって、学校との連携強化へと進展

し、やがては学校教育に職業指導を導入する流れとなる。1927（昭和2）年には、文部省訓令「児童生徒ノ個性尊重及ビ職業指導ニ関スル件」が出された。このとき提示された、職業指導が「児童生徒ノ個性尊重」への教育的配慮と一体となって営まれるべきという理念は、現代にも通じる画期的なものであった。しかし、昭和初期の経済恐慌や戦時体制への突入により、そうした理念が実践へと結びつくことはほとんどなかった。

　終戦後、基本的人権の尊重をひとつの柱とした日本国憲法が公布され、国民には職業選択の自由が認められるとともに、「勤労と責任を重んじ」る「国民の育成」を目指すことが教育基本法において宣言された。中学校には「**職業科**」が新設され、職業指導が教科としての位置づけを与えられている。

　「進路指導」という用語が公式に登場したのは、1957（昭和32）年であった。これ以降、学習指導要領等においても職業指導に代わって進路指導の語が定着する。ただし、このときの変更は名称に関するものであって、その概念は従来の職業指導をそのまま置き換えたものであった。

　高度経済成長期を経て、高等学校への進学率が飛躍的に上昇すると、受験競争が過熱化し、学校の進路指導は、不合格者を出さないようにすることが命題であるかのような風潮も現れた。いわゆる「**業者テスト**」と呼ばれる民間機関等によって作成される試験が、学校の授業時間を利用して実施され、その結果を進路指導における中核的な資料として利用し、生徒の受験する学校が決定されていった。本人の希望とは無関係に、偏差値によって機械的に志望校を割り振られる事例も多くみられ、「**偏差値輪切り**」として社会的な批判も集めた。

　中学校における業者テストの排除が文部省より通達されたのは、1993（平成5）年であった。1989（平成元）年に告示された学習指導要領によって**新学力観**が提唱された時期でもあり、従来の固定化された学力観とそれを象徴する偏差値一辺倒の進路指導からの脱却が図られたといえる。とはいえ、先述したように「**出口指導**」に偏る進路指導の弊害は、容易に改善しなかった。その後、進路指導はキャリア教育という新たな概念を導入し今日に至る。**キャリア教育**の導入とその意義については、次節で扱おう。

2. 進路指導からキャリア教育へ

(1) キャリア教育の導入

　近年、**進路指導**に関連して**キャリア教育**という新たな取り組みが広がってきた。とはいえ、その普及はまだ途上にある。キャリア教育とは何か、まずは導入の経緯をみていくことで、その立脚点を確認しよう。

　文部科学行政に関連した審議会報告等において「キャリア教育」の語がはじめて登場したのは、1999（平成11）年の中央教育審議会答申「初等中等教育と高等教育との接続の改善について」である。そこでは、新規学卒者のフリーター志向の広がりや若年無業者の増加、若年者の早期離職傾向などが深刻な問題として受けとめられ、「学校と社会及び学校間の円滑な接続を図る」ことを課題として、キャリア教育を小学校段階から発達段階に応じて実施する必要がある、と提言された。ここでキャリア教育とは、「望ましい職業観・勤労観及び職業に関する知識や技能を身に付けさせるとともに、自己の個性を理解し、主体的に進路を選択する能力・態度を育てる教育」と位置づけられた。

　キャリア教育の導入以来、文部科学省はキャリア教育に関する施策を極めて積極的に推進し、その普及を促進してきた。文部科学省による一連の取り組みからは、キャリア教育にかける並々ならぬ熱意がうかがえる。

　しかし、キャリア教育が目指すとされた、「望ましい職業観・勤労観」・「職業に関する知識や技能」・「自己の個性を理解」・「主体的に進路を選択する能力・態度」の育成といった各目標は、すでにみてきたように、決して従来の進路指導に存在しなかった視点ではない。では、キャリア教育の新しさ、進路指導との違いはどこにあるのだろうか。

(2) 進路指導とキャリア教育

　キャリア教育が、その定義・概念やねらいにおいて**進路指導**と本質的な差異を持たないことは、実は文部科学省自身も認めている。2004年の報告書では、

「進路指導の取組は、キャリア教育の中核をなすということができる」と位置付けられ、さらに2011（平成23）年の中央教育審議会答申では、「進路指導のねらいは、キャリア教育の目指す所とほぼ同じ」との見解が示されている。

進路指導は、その実態はともかく、理念としては学校の教育活動全体をとおして自己の生き方についての自覚を深めるための教育活動であり、「生き方の指導」とも称されてきた。キャリア教育も、その点においては同様の性質を持っているのである。

進路指導とキャリア教育の根本的な差異は、進路指導が学習指導要領上、中等教育段階（中学校、高等学校、中等教育学校、特別支援学校中学部及び高等部）に限定された教育活動であるのに対し、キャリア教育は、就学前の段階から初等・中等教育、高等教育まで一貫した活動とされ、さらに、学校から社会への移行に困難を抱える若年無業者等も視野に入れているところにある。これを図で表せば、図12-1のようになる。

また、従来の進路指導は本来の理念とはかけ離れて、進学や就職を決定する局面にのみ機能し、それを指して進路指導と呼ぶ実態も根付いてしまっている。いまキャリア教育という新しい看板が掲げられたことにより、改めて進路指導本来の理念を実現する契機となることも期待されるところであろう。

図12-1　キャリア教育と進路指導との関係

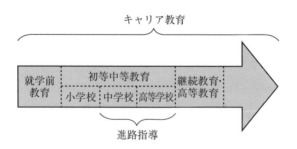

出典：『中学校キャリア教育の手引き』

⑶ キャリア教育の理念と能力観

　では、そうした差異をふまえつつ、改めて**キャリア教育**が目指すところを整理しよう。先述したように、この用語が登場した背景には学校から社会への移行に困難を抱える若者が増加しているとの認識があり、以後の学校教育において望ましい「勤労観」や「職業観」を育てることが必要であると提言されていた。2003 年には「**若者自立・挑戦プラン**」が策定され、「若者が自らの可能性を高め、挑戦し、活躍できる夢のある社会」、「生涯にわたり、自立的な能力向上・発揮ができ、やり直しがきく社会」が目指すべき目標とされた。キャリア教育の推進は、そうした社会を目指すための重要な柱として位置付けられたのである。

　しかし、キャリア教育の理念が従来の**進路指導**と異なるものでないことや、勤労観・職業観の育成が前面に打ち出された結果、キャリア教育に対する「誤解」も生じた。2011（平成 23）年の中央教育審議会答申では、キャリア教育が十分に理解されずに、「従来の教育活動のままでよい」とされたり、「職場体験活動の実施をもってキャリア教育を行った」ものとするような傾向が生じていることが指摘されている。そこで、改めてキャリア教育を、「一人一人の社会的・職業的自立に向け、必要な基盤となる能力や態度を育てることを通して、キャリア発達を促す教育」と定義しなおし、その本来の理念に立ち返ることが提言された。

　ここでいう「キャリア発達」とは、「社会の中で自分の役割を果たしながら、自分らしい生き方を実現していく過程」のことと説明されている。「キャリア」とは、一般にその人の積み重ねてきた過去の経験を指すが、キャリア発達は、これから積み重ねるであろう未来の経験を教育的に捉え直したものといえる。

　キャリア教育を通して育むことが期待される能力の一例として、「**4 領域 8 能力**」がよく知られている。これは、「将来自立した人として生きていくために必要な具体的能力や態度を構造化」したもので、「人間関係形成能力」、「情報活用能力」、「将来設計能力」、「意思決定能力」の 4 つの能力領域からなり、

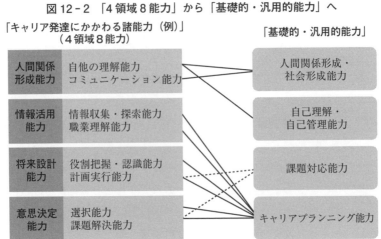

※図中の破線は両者の関係性が相対的に見て弱いことを示している。「計画実行能力」「課題解決能力」という「ラベル」からは「課題対応能力」と密接なつながりが連想されるが、能力の説明等までを視野におさめた場合、「4領域8能力」では、「基礎的・汎用的能力」における「課題対応能力」に相当する能力について、必ずしも前面に出されてはいなかったことが分かる。

出典:『中学校キャリア教育の手引き』

それぞれの領域はさらに二つの具体的能力を想定している(図12-2参照)。

2004（平成16）年の報告書において、この「4領域8能力」がキャリア教育推進の参考としての活用を期待されたこともあり、広く知られるようになった。しかし、その活用の過程で生じた課題を克服するため、2011（平成23）年の答申では新たに「**基礎的・汎用的能力**」という能力観が提示されるに至った。

「基礎的・汎用的能力」は、「人間関係形成・社会形成能力」、「自己理解・自己管理能力」、「課題対応能力」、「キャリアプランニング能力」の4つから成る。それぞれの能力の概要を簡潔にまとめると、以下のようになる。

①人間関係形成・社会形成能力

　他者の考え、立場を理解したうえで自分の意見も正確に伝えることができ、他者と協力・協働して社会を形成することのできる力。

②自己理解・自己管理能力

　自分自身の可能性について現実的かつ肯定的に理解し、自分の成長のために思考や感情を律することのできる力。

③課題対応能力

　仕事をするうえで必要な課題を発見・分析し、計画的に処理、解決することのできる力。

④キャリアプランニング能力

　「働くこと」の意義を理解し、多様な生き方に関するさまざまな情報を適切に取捨選択して、主体的に判断しキャリアを形成することのできる力。

　この「基礎的・汎用的能力」は、先に出された「4領域8能力」を改良する形で整理されたものである。「4領域8能力」において各領域に包含されると考えられた能力が、「基礎的・汎用的能力」ではどこにあたるのかが、図の実線で表されている。一方、点線は「4領域8能力」では十分に具体化されていなかった能力であることを表している。各能力はそれぞれが独立しているのではなく、相互に関連・依存した関係にあり、また能力間の序列も存在しない。各学校においては、学校や地域の特色、児童生徒の発達段階を踏まえ、こうした能力観をひとつの指標として、具体的な教育目標を設定することが期待されている。

3. 進路指導・キャリア教育の推進と課題

(1) キャリア教育の視点に基づく校内体制の整備と連携

　キャリア教育の視点に基づいた**進路指導**が各学校段階において効果的に実施されるためには、各学校でこれを推進する体制が整備される必要がある。この体制づくりは、各学校の教育目標や実態に応じて、弾力的にすすめられるべきものであり、創意工夫の期待されるところでもある。

　従来の進路指導体制と新たに導入が図られるキャリア教育体制との関係、役

割分担については、各学校で十分に吟味されなければならない。たとえば、中学校においては図12-3のような構成もありえるだろう。

繰り返してきたように、進路指導もキャリア教育もともに学校の教育活動全体を通じて推進されるべきものである。体制づくりにあたっては、学校の教育目標、教育方針などに、キャリア教育の視点を踏まえた新たな位置付けを図ることを出発点として、全教職員の共通理解のもと、「キャリア教育推進委員会」のような、学校運営全体を見渡せる組織を置くことが望ましいとされる。

すべての教職員がキャリア教育の視点を理解するためには、校内研修等の実施も必要であろう。キャリア教育によって育みたい能力や態度、教育課程上の位置付け、学校における教育目標、各教科との関連、全体計画・**年間指導計画**などについて、共通理解を図ったうえで、まずは教職員間における連携の意識を高めたい。

また、キャリア教育の実践は学校内にとどまるものではない。他の教育活動

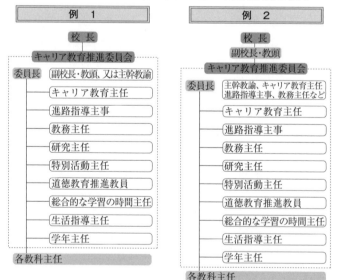

図12-3 キャリア教育の視点に基づく校内体制の事例

出典：『中学校キャリア教育の手引き』

と同様に家庭や地域との連携が重要であることはもちろん、学校間連携（とくに異校種間）の必要性も強調されている。学校間連携の事例としては、①体験入学や学校行事への参加をとおした上級学校との連携、②**職場体験**学習の一環としての幼稚園や保育園との連携、③さまざまな情報交換を目的とした教職員の連携、などが挙げられる。

　キャリア教育の重要な柱として、中学校における職場体験、高校における**インターンシップ**があり、企業やNPO、業種組合との連携も着実に広がっている。しかしその一方で、企業がキャリア教育支援をしない理由の第1位には、依然として「学校側からの支援依頼がない」が上がっており、学校と企業との意思疎通には依然課題も残されている。

(2)　キャリア教育体制のもとでの進路指導

　進路指導とほぼ概念やねらいを同一にする**キャリア教育**の登場によって、実際の運用状況はともかく、理念の面では進路指導固有の意義が薄まったようにもみえる。文部科学省自身も、進路指導本来の理念に基づいた取り組みを行ってきた学校については、「これまでの進路指導の全体計画をほぼそのまま活用し、それを軸にキャリア教育の全体計画を作成」することが可能だと述べている（『中学校キャリア教育の手引き』）。従来、進路指導と呼称してきた活動を、そのままキャリア教育という看板に掛けかえることが可能であるかのような、そうした一面があることはたしかであろう。

　とはいえ、実際の活動内容において具体性の高い狭義の進路指導は、その存在意義を変わらず保ち続けるとも考えられる。キャリア教育の視点が学校の教育方針全体に貫かれる一方、個別の校務分掌としての進路指導部や**進路指導主事**には、そうした方針を具体的な教育活動として表現し、実践することが期待されている。**進路相談**や進路情報の提示、**啓発的経験**の準備といった教育活動を組織して、生徒が自身の将来に対して持っている不安を取り除き、**自己実現**へ向けて前進できるように支援していくことが求められる。

　しかし、これらいずれの活動も、従来の「**出口指導**」のような狭い視野の実

践に陥らないよう注意しなければならない。学校全体として確認されたキャリア教育の視点をふまえ、校内体制を統一的に整備したうえで、全体指導計画や年間指導計画を作成していくことが必要である。

(3) キャリア教育の評価と課題

　他の活動と同様、**キャリア教育**においても、児童生徒の成長をたしかめ、その後の実践につなげていくための評価は重要な意味を持つ。

　児童生徒を評価する視点は、大きくふたつある。ひとつは、あらかじめ設定しておいた目標（育みたい能力や態度）に照らして児童生徒の成長・変容を評価する視点であり、もうひとつは、キャリア教育に取り組むなかで児童生徒が行なった活動そのものを教師と児童生徒がお互いに確かめ合いながら評価する視点である。

　評価にあたっては、総合的な学習の時間でも用いられる**ポートフォリオ**やアンケート、評価カードなどの活用も有効であろう。また評価が次の実践へと結びつけられ、児童生徒のより確かな成長へとつながるように、**PDCA サイクル**の中で取り組みの改善を図っていくことも不可欠である。

　キャリア教育は、近年文部科学省によってもっとも力を入れられている取り組みの一つといってよいが、その理念が十分理解されずに形式化した取り組みだけが現場で実践されているという指摘もある。児美川孝一郎は、実態としてのキャリア教育の問題点を、以下のように挙げている。

　①キャリア教育の焦点が、職業や就労だけにあたってしまっている。
　②キャリア教育への取り組みが、学校教育全体のものになっていない（教育課程から見て、"外付け"の実践になってしまっている）。

　キャリア教育が本来めざすところは、児童生徒の将来的な自立へ向け、その基盤となる能力や態度を育むことにある。それは決して特定の時間における活動で完結するものではなく、学校の教育活動全体がキャリア教育の視点で貫か

れることを求められるものである。何か特定の活動を実施すればキャリア教育に取り組んだことになる、といった形式的な教育実践に陥らないよう、各学校がキャリア教育の意義を十分に認識し、自覚的に取り組むことが期待される。

＜参考文献＞

・仙崎武他編著『生徒指導・教育相談・進路指導』（田研出版、2006 年）

・加澤恒雄・広岡義之編著『新しい生徒指導・進路指導―理論と実践―』（ミネルヴァ書房、2007 年）

・国立教育政策研究所生徒指導研究センター編『キャリア教育のススメ―小学校・中学校・高等学校における系統的なキャリア教育の推進のために―』（東京書籍、2010 年）

・鈴木康明編『生徒指導・進路指導・教育相談テキスト』（北大路書房、2011 年）

・文部科学省編『中学校キャリア教育の手引き』（教育出版、2012 年）

・児美川孝一郎『キャリア教育のウソ』（筑摩書房、2013 年）

・文部科学省国立教育政策研究所生徒指導・進路指導研究センター『キャリア発達にかかわる諸能力の育成に関する調査研究報告書―もう一歩先へ、キャリア教育を極める―』（実業之日本社、2013 年）

資 料 編

1. 日本国憲法（抄）

（昭和 21 年 11 月 3 日）

第3章　国民の権利及び義務

第11条　国民は、すべての基本的人権の享有を妨げられない。この憲法が国民に保障する基本的人権は、侵すことのできない永久の権利として、現在及び将来の国民に与へられる。

第12条　この憲法が国民に保障する自由及び権利は、国民の不断の努力によつて、これを保持しなければならない。又、国民は、これを濫用してはならないのであつて、常に公共の福祉のためにこれを利用する責任を負ふ。

第13条　すべて国民は、個人として尊重される。生命、自由及び幸福追求に対する国民の権利については、公共の福祉に反しない限り、立法その他の国政の上で、最大の尊重を必要とする。

第14条　すべて国民は、法の下に平等であつて、人種、信条、性別、社会的身分又は門地により、政治的、経済的又は社会的関係において、差別されない。
② 華族その他の貴族の制度は、これを認めない。
③ 栄誉、勲章その他の栄典の授与は、いかなる特権も伴はない。栄典の授与は、現にこれを有し、又は将来これを受ける者の一代に限り、その効力を有する。

第19条　思想及び良心の自由は、これを侵してはならない。

第22条　何人も、公共の福祉に反しない限り、居住、移転及び職業選択の自由を有する。
②何人も、外国に移住し、又は国籍を離脱する自由を侵されない。

第23条　学問の自由は、これを保障する。

第25条　すべて国民は、健康で文化的な最低限度の生活を営む権利を有する。
② 国は、すべての生活部面について、社会福祉、社会保障及び公衆衛生の向上及び増進に努めなければならない。

第26条　すべて国民は、法律の定めるところにより、その能力に応じて、ひとしく教育を受ける権利を有する。
② すべて国民は、法律の定めるところにより、その保護する子女に普通教育を受けさせる義務を負ふ。義務教育は、これを無償とする。

第27条　すべて国民は、勤労の権利を有し、義務を負ふ。
② 賃金、就業時間、休息その他の勤労条件に関する基準は、法律でこれを定める。
③ 児童は、これを酷使してはならない。

2. 教育基本法

（平成 18 年 12 月 22 日　法律第 120 号）

　我々日本国民は、たゆまぬ努力によって築いてきた民主的で文化的な国家を更に発展させるとともに、世界の平和と人類の福祉の向上に貢献することを願うものである。
　我々は、この理想を実現するため、個人の尊厳を重んじ、真理と正義を希求し、公共の

精神を尊び、豊かな人間性と創造性を備えた人間の育成を期するとともに、伝統を継承し、新しい文化の創造を目指す教育を推進する。

　ここに、我々は、日本国憲法の精神にのっとり、我が国の未来を切り拓く教育の基本を確立し、その振興を図るため、この法律を制定する。

第1章　教育の目的及び理念

（教育の目的）

第1条　教育は、人格の完成を目指し、平和で民主的な国家及び社会の形成者として必要な資質を備えた心身ともに健康な国民の育成を期して行われなければならない。

（教育の目標）

第2条　教育は、その目的を実現するため、学問の自由を尊重しつつ、次に掲げる目標を達成するよう行われるものとする。

一　幅広い知識と教養を身に付け、真理を求める態度を養い、豊かな情操と道徳心を培うとともに、健やかな身体を養うこと。

二　個人の価値を尊重して、その能力を伸ばし、創造性を培い、自主及び自律の精神を養うとともに、職業及び生活との関連を重視し、勤労を重んずる態度を養うこと。

三　正義と責任、男女の平等、自他の敬愛と協力を重んずるとともに、公共の精神に基づき、主体的に社会の形成に参画し、その発展に寄与する態度を養うこと。

四　生命を尊び、自然を大切にし、環境の保全に寄与する態度を養うこと。

五　伝統と文化を尊重し、それらをはぐくんできた我が国と郷土を愛するとともに、他国を尊重し、国際社会の平和と発展に寄与する態度を養うこと。

（生涯学習の理念）

第3条　国民一人一人が、自己の人格を磨き、豊かな人生を送ることができるよう、その生涯にわたって、あらゆる機会に、あらゆる場所において学習することができ、その成果を適切に生かすことのできる社会の実現が図られなければならない。

（教育の機会均等）

第4条　すべて国民は、ひとしく、その能力に応じた教育を受ける機会を与えられなければならず、人種、信条、性別、社会的身分、経済的地位又は門地によって、教育上差別されない。

②　国及び地方公共団体は、障害のある者が、その障害の状態に応じ、十分な教育を受けられるよう、教育上必要な支援を講じなければならない。

③　国及び地方公共団体は、能力があるにもかかわらず、経済的理由によって修学が困難な者に対して、奨学の措置を講じなければならない。

第2章　教育の実施に関する基本

（義務教育）

第5条　国民は、その保護する子に、別に法律で定めるところにより、普通教育を受けさせる義務を負う。

②　義務教育として行われる普通教育は、各個人の有する能力を伸ばしつつ社会において自立的に生きる基礎を培い、また、国家及び社会の形成者として必要とされる基本的な資質を養うことを目的として行われるものとする。

③　国及び地方公共団体は、義務教育の機会を保障し、その水準を確保するため、適切な役割分担及び相互の協力の下、その実施に責任を負う。

④　国又は地方公共団体の設置する学校における義務教育については、授業料を徴収しない。

（学校教育）

第6条　法律に定める学校は、公の性質を有するものであって、国、地方公共団体及び法律に定める法人のみが、これを設置することができる。

② 前項の学校においては、教育の目標が達成されるよう、教育を受ける者の心身の発達に応じて、体系的な教育が組織的に行われなければならない。この場合において、教育を受ける者が、学校生活を営む上で必要な規律を重んずるとともに、自ら進んで学習に取り組む意欲を高めることを重視して行われなければならない。

（大学）
第7条　大学は、学術の中心として、高い教養と専門的能力を培うとともに、深く真理を探究して新たな知見を創造し、これらの成果を広く社会に提供することにより、社会の発展に寄与するものとする。
② 大学については、自主性、自律性その他の大学における教育及び研究の特性が尊重されなければならない。

（私立学校）
第8条　私立学校の有する公の性質及び学校教育において果たす重要な役割にかんがみ、国及び地方公共団体は、その自主性を尊重しつつ、助成その他の適当な方法によって私立学校教育の振興に努めなければならない。

（教員）
第9条　法律に定める学校の教員は、自己の崇高な使命を深く自覚し、絶えず研究と修養に励み、その職責の遂行に努めなければならない。
② 前項の教員については、その使命と職責の重要性にかんがみ、その身分は尊重され、待遇の適正が期せられるとともに、養成と研修の充実が図られなければならない。

（家庭教育）
第10条　父母その他の保護者は、子の教育について第一義的責任を有するものであって、生活のために必要な習慣を身に付けさせるとともに、自立心を育成し、心身の調和のとれた発達を図るよう努めるものとする。

② 国及び地方公共団体は、家庭教育の自主性を尊重しつつ、保護者に対する学習の機会及び情報の提供その他の家庭教育を支援するために必要な施策を講ずるよう努めなければならない。

（幼児期の教育）
第11条　幼児期の教育は、生涯にわたる人格形成の基礎を培う重要なものであることにかんがみ、国及び地方公共団体は、幼児の健やかな成長に資する良好な環境の整備その他適当な方法によって、その振興に努めなければならない。

（社会教育）
第12条　個人の要望や社会の要請にこたえ、社会において行われる教育は、国及び地方公共団体によって奨励されなければならない。
② 国及び地方公共団体は、図書館、博物館、公民館その他の社会教育施設の設置、学校の施設の利用、学習の機会及び情報の提供その他の適当な方法によって社会教育の振興に努めなければならない。

（学校、家庭及び地域住民等の相互の連携協力）
第13条　学校、家庭及び地域住民その他の関係者は、教育におけるそれぞれの役割と責任を自覚するとともに、相互の連携及び協力に努めるものとする。

（政治教育）
第14条　良識ある公民として必要な政治的教養は、教育上尊重されなければならない。
② 法律に定める学校は、特定の政党を支持し、又はこれに反対するための政治教育その他政治的活動をしてはならない。

（宗教教育）
第15条　宗教に関する寛容の態度、宗教に関する一般的な教養及び宗教の社会生活における地位は、教育上尊重されなければならない。

② 国及び地方公共団体が設置する学校は、特定の宗教のための宗教教育その他宗教的活動をしてはならない。

第3章　教育行政

（教育行政）
第16条　教育は、不当な支配に服することなく、この法律及び他の法律の定めるところにより行われるべきものであり、教育行政は、国と地方公共団体との適切な役割分担及び相互の協力の下、公正かつ適正に行われなければならない。
② 国は、全国的な教育の機会均等と教育水準の維持向上を図るため、教育に関する施策を総合的に策定し、実施しなければならない。
③ 地方公共団体は、その地域における教育の振興を図るため、その実情に応じた教育に関する施策を策定し、実施しなければならない。
④ 国及び地方公共団体は、教育が円滑かつ継続的に実施されるよう、必要な財政上の措置を講じなければならない。

（教育振興基本計画）
第17条　政府は、教育の振興に関する施策の総合的かつ計画的な推進を図るため、教育の振興に関する施策についての基本的な方針及び講ずべき施策その他必要な事項について、基本的な計画を定め、これを国会に報告するとともに、公表しなければならない。
② 地方公共団体は、前項の計画を参酌し、その地域の実情に応じ、当該地方公共団体における教育の振興のための施策に関する基本的な計画を定めるよう努めなければならない。

第4章　法令の制定

第18条　この法律に規定する諸条項を実施するため、必要な法令が制定されなければならない。

3.　学校教育法（抄）

（昭和 22 年 3 月 31 日　法律第 26 号）
最終改正：平成 30 年 6 月 1 日　法律第 39 号

第1章　総則

第1条　この法律で、学校とは、幼稚園、小学校、中学校、義務教育学校、高等学校、中等教育学校、特別支援学校、大学及び高等専門学校とする。

第11条　校長及び教員は、教育上必要があると認めるときは、文部科学大臣の定めるところにより、児童、生徒及び学生に懲戒を加えることができる。ただし、体罰を加えることはできない。

第12条　学校においては、別に法律で定めるところにより、幼児、児童、生徒及び学生並びに職員の健康の保持増進を図るため、健康診断を行い、その他その保健に必要な措置を講じなければならない。

第2章　義務教育

第16条　保護者（子に対して親権を行う者（親権を行う者のないときは、未成年後見人）をいう。以下同じ。）は、次条に定めるところにより、子に 9 年の普通教育を受けさせる義務を負う。

第21条　義務教育として行われる普通教育は、教育基本法（平成 18 年法律第 120 号）第五条第二項 に規定する目的を実現するため、次に掲げる目標を達成するよう行われるものとする。
一　学校内外における社会的活動を促進し、自主、自律及び協同の精神、規範意識、公正な判断力並びに公共の精神に基づき主体的に社会の形成に参画し、その発展に寄与する態度を養うこと。
二　学校内外における自然体験活動を促進し、生命及び自然を尊重する精神並びに環境の保全に寄与する態度を養うこと。

三　我が国と郷土の現状と歴史について、正しい理解に導き、伝統と文化を尊重し、それらをはぐくんできた我が国と郷土を愛する態度を養うとともに、進んで外国の文化の理解を通じて、他国を尊重し、国際社会の平和と発展に寄与する態度を養うこと。

四　家族と家庭の役割、生活に必要な衣、食、住、情報、産業その他の事項について基礎的な理解と技能を養うこと。

五　読書に親しませ、生活に必要な国語を正しく理解し、使用する基礎的な能力を養うこと。

六　生活に必要な数量的な関係を正しく理解し、処理する基礎的な能力を養うこと。

七　生活にかかわる自然現象について、観察及び実験を通じて、科学的に理解し、処理する基礎的な能力を養うこと。

八　健康、安全で幸福な生活のために必要な習慣を養うとともに、運動を通じて体力を養い、心身の調和的発達を図ること。

九　生活を明るく豊かにする音楽、美術、文芸その他の芸術について基礎的な理解と技能を養うこと。

十　職業についての基礎的な知識と技能、勤労を重んずる態度及び個性に応じて将来の進路を選択する能力を養うこと。

第4章　小学校

第29条　小学校は、心身の発達に応じて、義務教育として行われる普通教育のうち基礎的なものを施すことを目的とする。

第30条　小学校における教育は、前条に規定する目的を実現するために必要な程度において第21条各号に掲げる目標を達成するよう行われるものとする。

②　前項の場合においては、生涯にわたり学習する基盤が培われるよう、基礎的な知識及び技能を習得させるとともに、これらを活用して課題を解決するために必要な思考力、判断力、表現力その他の能力をはぐくみ、主体的に学習に取り組む態度を養うことに、特に意を用いなければ

ばならない。

第31条　小学校においては、前条第1項の規定による目標の達成に資するよう、教育指導を行うに当たり、児童の体験的な学習活動、特にボランティア活動など社会奉仕体験活動、自然体験活動その他の体験活動の充実に努めるものとする。この場合において、社会教育関係団体その他の関係団体及び関係機関との連携に十分配慮しなければならない。

第35条　市町村の教育委員会は、次に掲げる行為の一又は二以上を繰り返し行う等性行不良であつて他の児童の教育に妨げがあると認める児童があるときは、その保護者に対して、児童の出席停止を命ずることができる。

一　他の児童に傷害、心身の苦痛又は財産上の損失を与える行為

二　職員に傷害又は心身の苦痛を与える行為

三　施設又は設備を損壊する行為

四　授業その他の教育活動の実施を妨げる行為

②　市町村の教育委員会は、前項の規定により出席停止を命ずる場合には、あらかじめ保護者の意見を聴取するとともに、理由及び期間を記載した文書を交付しなければならない。

③　前項に規定するもののほか、出席停止の命令の手続に関し必要な事項は、教育委員会規則で定めるものとする。

④　市町村の教育委員会は、出席停止の命令に係る児童の出席停止の期間における学習に対する支援その他の教育上必要な措置を講ずるものとする。

第43条　小学校は、当該小学校に関する保護者及び地域住民その他の関係者の理解を深めるとともに、これらの者との連携及び協力の推進に資するため、当該小学校の教育活動その他の学校運営の状況に関する情報を積極的に提供するものとする。

第5章　中学校

第45条　中学校は、小学校における教育の基礎の上に、心身の発達に応じて、義務教育として行われる普通教育を施すことを目的とする。

第46条　中学校における教育は、前条に規定する目的を実現するため、第21条各号に掲げる目標を達成するよう行われるものとする。

第49条　第30条第2項、第31条、第34条、第35条及び第37条から第44条までの規定は、中学校に準用する。この場合において、第30条第2項中「前項」とあるのは「第46条」と、第31条中「前条第1項」とあるのは「第46条」と読み替えるものとする。

第6章　高等学校

第50条　高等学校は、中学校における教育の基礎の上に、心身の発達及び進路に応じて、高度な普通教育及び専門教育を施すことを目的とする。

第51条　高等学校における教育は、前条に規定する目的を実現するため、次に掲げる目標を達成するよう行われるものとする。
一　義務教育として行われる普通教育の成果を更に発展拡充させて、豊かな人間性、創造性及び健やかな身体を養い、国家及び社会の形成者として必要な資質を養うこと。
二　社会において果たさなければならない使命の自覚に基づき、個性に応じて将来の進路を決定させ、一般的な教養を高め、専門的な知識、技術及び技能を習得させること。
三　個性の確立に努めるとともに、社会について、広く深い理解と健全な批判力を養い、社会の発展に寄与する態度を養うこと。

第62条　第30条第2項、第31条、第34条、第37条第4項から第17項まで及び第19項並びに第42条から第44条までの規定は、高等学校に準用する。この場合において、第30条第2項中「前項」とあるのは「第51条」と、第31条中「前条第1項」とあるのは「第51条」と読み替えるものとする。

第8章　特別支援教育

第72条　特別支援学校は、視覚障害者、聴覚障害者、知的障害者、肢体不自由者又は病弱者（身体虚弱者を含む。以下同じ。）に対して、幼稚園、小学校、中学校又は高等学校に準ずる教育を施すとともに、障害による学習上又は生活上の困難を克服し自立を図るために必要な知識技能を授けることを目的とする。

第81条　幼稚園、小学校、中学校、高等学校及び中等教育学校においては、次項各号のいずれかに該当する幼児、児童及び生徒その他教育上特別の支援を必要とする幼児、児童及び生徒に対し、文部科学大臣の定めるところにより、障害による学習上又は生活上の困難を克服するための教育を行うものとする。
②　小学校、中学校、高等学校及び中等教育学校には、次の各号のいずれかに該当する児童及び生徒のために、特別支援学級を置くことができる。
一　知的障害者
二　肢体不自由者
三　身体虚弱者
四　弱視者
五　難聴者
六　その他障害のある者で、特別支援学級において教育を行うことが適当なもの
③　前項に規定する学校においては、疾病により療養中の児童及び生徒に対して、特別支援学級を設け、又は教員を派遣して、教育を行うことができる。

第82条　第26条、第27条、第31条（第49条及び第62条において読み替えて準用する場合を含む。）、第32条、第34条（第49条及び第62条において準用する場合を含む。）、第36条、第37条（第28条、第49条及び第62条において準用する場合を含む。）、第42条から第44条まで、第47条及び第56条から第60条までの規定は特別支援学校に、第84条の規定は特別支援学校の高等部に、それぞれ準用する。

4. 学校保健安全法（抄）

（昭和33年4月10日　法律第56号）
最終改正：平成27年6月24日　法律第46号

（学校保健に関する学校の設置者の責務）
第4条　学校の設置者は、その設置する学校の児童生徒等及び職員の心身の健康の保持増進を図るため、当該学校の施設及び設備並びに管理運営体制の整備充実その他の必要な措置を講ずるよう努めるものとする。

（学校保健計画の策定等）
第5条　学校においては、児童生徒等及び職員の心身の健康の保持増進を図るため、児童生徒等及び職員の健康診断、環境衛生検査、児童生徒等に対する指導その他保健に関する事項について計画を策定し、これを実施しなければならない。

（保健室）
第7条　学校には、健康診断、健康相談、保健指導、救急処置その他の保健に関する措置を行うため、保健室を設けるものとする。

（健康相談）
第8条　学校においては、児童生徒等の心身の健康に関し、健康相談を行うものとする。

（保健指導）

第9条　養護教諭その他の職員は、相互に連携して、健康相談又は児童生徒等の健康状態の日常的な観察により、児童生徒等の心身の状況を把握し、健康上の問題があると認めるときは、遅滞なく、当該児童生徒等に対して必要な指導を行うとともに、必要に応じ、その保護者（学校教育法第16条 に規定する保護者をいう。第24条及び第30条において同じ。）に対して必要な助言を行うものとする。

（地域の医療機関等との連携）
第10条　学校においては、救急処置、健康相談又は保健指導を行うに当たつては、必要に応じ、当該学校の所在する地域の医療機関その他の関係機関との連携を図るよう努めるものとする。

（出席停止）
第19条　校長は、感染症にかかつており、かかつている疑いがあり、又はかかるおそれのある児童生徒等があるときは、政令で定めるところにより、出席を停止させることができる。

（臨時休業）
第20条　学校の設置者は、感染症の予防上必要があるときは、臨時に、学校の全部又は一部の休業を行うことができる。

（学校安全に関する学校の設置者の責務）
第26条　学校の設置者は、児童生徒等の安全の確保を図るため、その設置する学校において、事故、加害行為、災害等（以下この条及び第29条第3項において「事故等」という。）により児童生徒等に生ずる危険を防止し、及び事故等により児童生徒等に危険又は危害が現に生じた場合（同条第1項及び第2項において「危険等発生時」という。）において適切に対処することができるよう、当該学校の施設及び設備並びに管理運営体制の整備充実その他の必要な措置を講ずるよう努めるものとする。

（学校安全計画の策定等）

第27条　学校においては、児童生徒等の安全の確保を図るため、当該学校の施設及び設備の安全点検、児童生徒等に対する通学を含めた学校生活その他の日常生活における安全に関する指導、職員の研修その他学校における安全に関する事項について計画を策定し、これを実施しなければならない。

（学校環境の安全の確保）

第28条　校長は、当該学校の施設又は設備について、児童生徒等の安全の確保を図る上で支障となる事項があると認めた場合には、遅滞なく、その改善を図るために必要な措置を講じ、又は当該措置を講ずることができないときは、当該学校の設置者に対し、その旨を申し出るものとする。

（危険等発生時対処要領の作成等）

第29条　学校においては、児童生徒等の安全の確保を図るため、当該学校の実情に応じて、危険等発生時において当該学校の職員がとるべき措置の具体的内容及び手順を定めた対処要領（次項において「危険等発生時対処要領」という。）を作成するものとする。

②　校長は、危険等発生時対処要領の職員に対する周知、訓練の実施その他の危険等発生時において職員が適切に対処するために必要な措置を講ずるものとする。

③　学校においては、事故等により児童生徒等に危害が生じた場合において、当該児童生徒等及び当該事故等により心理的外傷その他の心身の健康に対する影響を受けた児童生徒等その他の関係者の心身の健康を回復させるため、これらの者に対して必要な支援を行うものとする。この場合においては、第10条の規定を準用する。

（地域の関係機関等との連携）

第30条　学校においては、児童生徒等の安全の確保を図るため、児童生徒等の保護者との連携を図るとともに、当該学校が所在する地域の実情に応じて、当該地域を管轄する警察署その他の関係機関、地域の安全を確保するための活動を行う団体その他の関係団体、当該地域の住民その他の関係者との連携を図るよう努めるものとする。

5.　少年法（抄）

（昭和23年7月15日　法律第168号）
最終改正：平成28年6月3日　法律第63号

（この法律の目的）

第1条　この法律は、少年の健全な育成を期し、非行のある少年に対して性格の矯正及び環境の調整に関する保護処分を行うとともに、少年の刑事事件について特別の措置を講ずることを目的とする。

（少年、成人、保護者）

第2条　この法律で「少年」とは、20歳に満たない者をいい、「成人」とは、満20歳以上の者をいう。

②　この法律で「保護者」とは、少年に対して法律上監護教育の義務ある者及び少年を現に監護する者をいう。

（審判に付すべき少年）

第3条　次に掲げる少年は、これを家庭裁判所の審判に付する。

一　罪を犯した少年

二　14歳に満たないで刑罰法令に触れる行為をした少年

三　次に掲げる事由があつて、その性格又は環境に照して、将来、罪を犯し、又は刑罰法令に触れる行為をする虞のある少年

イ　保護者の正当な監督に服しない性癖のあること。

ロ　正当の理由がなく家庭に寄り附かないこと。

ハ　犯罪性のある人若しくは不道徳な人と交際し、又はいかがわしい場所に出入すること。

ニ　自己又は他人の徳性を害する行為をする性癖のあること。

② 家庭裁判所は、前項第二号に掲げる少年及び同項第三号に掲げる少年で 14 歳に満たない者については、都道府県知事又は児童相談所長から送致を受けたときに限り、これを審判に付することができる。

（通告）

第6条　家庭裁判所の審判に付すべき少年を発見した者は、これを家庭裁判所に通告しなければならない。

② 警察官又は保護者は、第3条第1項第三号に掲げる少年について、直接これを家庭裁判所に送致し、又は通告するよりも、先づ児童福祉法（昭和 22 年法律第 164 号）による措置にゆだねるのが適当であると認めるときは、その少年を直接児童相談所に通告することができる。

（検察官への送致）

第 20 条　家庭裁判所は、死刑、懲役又は禁錮に当たる罪の事件について、調査の結果、その罪質及び情状に照らして刑事処分を相当と認めるときは、決定をもつて、これを管轄地方裁判所に対応する検察庁の検察官に送致しなければならない。

② 前項の規定にかかわらず、家庭裁判所は、故意の犯罪行為により被害者を死亡させた罪の事件であつて、その罪を犯すとき 16 歳以上の少年に係るものについては、同項の決定をしなければならない。ただし、調査の結果、犯行の動機及び態様、犯行後の情況、少年の性格、年齢、行状及び環境その他の事情を考慮し、刑事処分以外の措置を相当と認めるときは、この限りでない。

（審判の方式）

第 22 条　審判は、懇切を旨として、和やかに行うとともに、非行のある少年に対し自己の非行について内省を促すものとしなければならない。

② 審判は、これを公開しない。

③ 審判の指揮は、裁判長が行う。

（保護処分の決定）

第 24 条　家庭裁判所は、前条の場合を除いて、審判を開始した事件につき、決定をもつて、次に掲げる保護処分をしなければならない。ただし、決定の時に 14 歳に満たない少年に係る事件については、特に必要と認める場合に限り、第三号の保護処分をすることができる。

一　保護観察所の保護観察に付すること。

二　児童自立支援施設又は児童養護施設に送致すること。

三　少年院に送致すること。

② 前項第一号及び第三号の保護処分においては、保護観察所の長をして、家庭その他の環境調整に関する措置を行わせることができる。

6. いじめ防止対策推進法（抄）

（平成 28 年 5 月 20 日　法律第 47 号）

第1章　総則

（目的）

第1条　この法律は、いじめが、いじめを受けた児童等の教育を受ける権利を著しく侵害し、その心身の健全な成長及び人格の形成に重大な影響を与えるのみならず、その生命又は身体に重大な危険を生じさせるおそれがあるものであることに鑑み、児童等の尊厳を保持するため、いじめの防止等（いじめの防止、いじめの早期発見及びいじめへの対処をいう。以下同じ。）のための対策に関し、基本理念を定め、国及び地方公共団体等の責務を明らかにし、並びにいじめの防止等のための対策に関する基本的な方針の策定について定めるとともに、いじめの防止等のための対策の基本となる事項を定めることにより、いじめの防止等のための対策を総合的かつ効果的に推進することを目的とする。

（定義）

第2条　この法律において「いじめ」とは、児童等に対して、当該児童等が在籍する学校に在籍している等当該児童等と一定の人的関係にある他の児童等が行う心理的又は物理的な影響を与える行為（インターネットを通じて行われるものを含む。）であって、当該行為の対象となった児童等が心身の苦痛を感じているものをいう。

2　この法律において「学校」とは、学校教育法（昭和22年法律第26号）第一条に規定する小学校、中学校、義務教育学校、高等学校、中等教育学校及び特別支援学校（幼稚部を除く。）をいう。

3　この法律において「児童等」とは、学校に在籍する児童又は生徒をいう。

4　この法律において「保護者」とは、親権を行う者（親権を行う者のないときは、未成年後見人）をいう。

（基本理念）

第3条　いじめの防止等のための対策は、いじめが全ての児童等に関係する問題であることに鑑み、児童等が安心して学習その他の活動に取り組むことができるよう、学校の内外を問わずいじめが行われなくなるようにすることを旨として行われなければならない。

2　いじめの防止等のための対策は、全ての児童等がいじめを行わず、及び他の児童等に対して行われるいじめを認識しながらこれを放置することがないようにするため、いじめが児童等の心身に及ぼす影響その他のいじめの問題に関する児童等の理解を深めることを旨として行われなければならない。

3　いじめの防止等のための対策は、いじめを受けた児童等の生命及び心身を保護することが特に重要であることを認識しつつ、国、地方公共団体、学校、地域住民、家庭その他の関係者の連携の下、いじめの問題を克服することを目指して行われなければならない。

（いじめの禁止）

第4条　児童等は、いじめを行ってはならない。

（国の責務）

第5条　国は、第3条の基本理念（以下「基本理念」という。）にのっとり、いじめの防止等のための対策を総合的に策定し、及び実施する責務を有する。

（地方公共団体の責務）

第6条　地方公共団体は、基本理念にのっとり、いじめの防止等のための対策について、国と協力しつつ、当該地域の状況に応じた施策を策定し、及び実施する責務を有する。

（学校の設置者の責務）

第7条　学校の設置者は、基本理念にのっとり、その設置する学校におけるいじめの防止等のために必要な措置を講ずる責務を有する。

（学校及び学校の教職員の責務）

第8条　学校及び学校の教職員は、基本理念にのっとり、当該学校に在籍する児童等の保護者、地域住民、児童相談所その他の関係者との連携を図りつつ、学校全体でいじめの防止及び早期発見に取り組むとともに、当該学校に在籍する児童等がいじめを受けていると思われるときは、適切かつ迅速にこれに対処する責務を有する。

（保護者の責務等）

第9条　保護者は、子の教育について第一義的責任を有するものであって、その保護する児童等がいじめを行うことのないよう、当該児童等に対し、規範意識を養うための指導その他の必要な指導を行うよう努めるものとする。

②　保護者は、その保護する児童等がいじめを受けた場合には、適切に当該児童等をいじめから保護するものとする。

③　保護者は、国、地方公共団体、学校の設置者及びその設置する学校が講ずるいじ

資　料　編　177

めの防止等のための措置に協力するよう
努めるものとする。
④　第一項の規定は、家庭教育の自主性が尊
重されるべきことに変更を加えるものと
解してはならず、また、前３項の規定は、
いじめの防止等に関する学校の設置者及
びその設置する学校の責任を軽減するも
のと解してはならない。

（財政上の措置等）
第10条　国及び地方公共団体は、いじめの
防止等のための対策を推進するために必
要な財政上の措置その他の必要な措置を
講ずるよう努めるものとする。

第２章　いじめ防止基本方針

（いじめ防止基本方針）
第11条　文部科学大臣は、関係行政機関
の長と連携協力して、いじめの防止等の
ための対策を総合的かつ効果的に推進す
るための基本的な方針（以下「いじめ防
止基本方針」という。）を定めるものとす
る。
２　いじめ防止基本方針においては、次に掲
げる事項を定めるものとする。
一　いじめの防止等のための対策の基本的
な方向に関する事項
二　いじめの防止等のための対策の内容に
関する事項
三　その他いじめの防止等のための対策に
関する重要事項

（地方いじめ防止基本方針）
第12条　地方公共団体は、いじめ防止基本
方針を参酌し、その地域の実情に応じ、
当該地方公共団体におけるいじめの防止
等のための対策を総合的かつ効果的に推
進するための基本的な方針（以下「地方
いじめ防止基本方針」という。）を定める
よう努めるものとする。

（学校いじめ防止基本方針）
第13条　学校は、いじめ防止基本方針又は
地方いじめ防止基本方針を参酌し、その

学校の実情に応じ、当該学校におけるい
じめの防止等のための対策に関する基本
的な方針を定めるものとする。

（いじめ問題対策連絡協議会）
第14条　地方公共団体は、いじめの防止等
に関係する機関及び団体の連携を図るた
め、条例の定めるところにより、学校、
教育委員会、児童相談所、法務局又は地
方法務局、都道府県警察その他の関係者
により構成されるいじめ問題対策連絡協
議会を置くことができる。
②　都道府県は、前項のいじめ問題対策連絡
協議会を置いた場合には、当該いじめ問
題対策連絡協議会におけるいじめの防止
等に関係する機関及び団体の連携が当該
都道府県の区域内の市町村が設置する学
校におけるいじめの防止等に活用される
よう、当該いじめ問題対策連絡協議会と
当該市町村の教育委員会との連携を図る
ために必要な措置を講ずるものとする。
③　前２項の規定を踏まえ、教育委員会とい
じめ問題対策連絡協議会との円滑な連携
の下に、地方いじめ防止基本方針に基づ
く地域におけるいじめの防止等のための
対策を実効的に行うようにするため必要
があるときは、教育委員会に附属機関と
して必要な組織を置くことができるもの
とする。

第３章　基本的施策

（学校におけるいじめの防止）
第15条　学校の設置者及びその設置する学
校は、児童等の豊かな情操と道徳心を培
い、心の通う対人交流の能力の素地を養
うことがいじめの防止に資することを踏
まえ、全ての教育活動を通じた道徳教育
及び体験活動等の充実を図らなければな
らない。
②　学校の設置者及びその設置する学校は、
当該学校におけるいじめを防止するため、
当該学校に在籍する児童等の保護者、地
域住民その他の関係者との連携を図りつ
つ、いじめの防止に資する活動であって

当該学校に在籍する児童等が自主的に行うものに対する支援、当該学校に在籍する児童等及びその保護者並びに当該学校の教職員に対するいじめを防止することの重要性に関する理解を深めるための啓発その他必要な措置を講ずるものとする。

（いじめの早期発見のための措置）
第16条　学校の設置者及びその設置する学校は、当該学校におけるいじめを早期に発見するため、当該学校に在籍する児童等に対する定期的な調査その他の必要な措置を講ずるものとする。
②　国及び地方公共団体は、いじめに関する通報及び相談を受け付けるための体制の整備に必要な施策を講ずるものとする。
③　学校の設置者及びその設置する学校は、当該学校に在籍する児童等及びその保護者並びに当該学校の教職員がいじめに係る相談を行うことができる体制（次項において「相談体制」という。）を整備するものとする。
④　学校の設置者及びその設置する学校は、相談体制を整備するに当たっては、家庭、地域社会等との連携の下、いじめを受けた児童等の教育を受ける権利その他の権利利益が擁護されるよう配慮するものとする。

（関係機関等との連携等）
第17条　国及び地方公共団体は、いじめを受けた児童等又はその保護者に対する支援、いじめを行った児童等に対する指導又はその保護者に対する助言その他のいじめの防止等のための対策が関係者の連携の下に適切に行われるよう、関係省庁相互間その他関係機関、学校、家庭、地域社会及び民間団体の間の連携の強化、民間団体の支援その他必要な体制の整備に努めるものとする。

（いじめの防止等のための対策に従事する人材の確保及び資質の向上）
第18条　国及び地方公共団体は、いじめを受けた児童等又はその保護者に対する支援、いじめを行った児童等に対する指導又はその保護者に対する助言その他のいじめの防止等のための対策が専門的知識に基づき適切に行われるよう、教員の養成及び研修の充実を通じた教員の資質の向上、生徒指導に係る体制等の充実のための教諭、養護教諭その他の教員の配置、心理、福祉等に関する専門的知識を有する者であっていじめの防止を含む教育相談に応じるものの確保、いじめへの対処に関し助言を行うために学校の求めに応じて派遣される者の確保等必要な措置を講ずるものとする。
②　学校の設置者及びその設置する学校は、当該学校の教職員に対し、いじめの防止等のための対策に関する研修の実施その他のいじめの防止等のための対策に関する資質の向上に必要な措置を計画的に行わなければならない。

（インターネットを通じて行われるいじめに対する対策の推進）
第19条　学校の設置者及びその設置する学校は、当該学校に在籍する児童等及びその保護者が、発信された情報の高度の流通性、発信者の匿名性その他のインターネットを通じて送信される情報の特性を踏まえて、インターネットを通じて行われるいじめを防止し、及び効果的に対処することができるよう、これらの者に対し、必要な啓発活動を行うものとする。
②　国及び地方公共団体は、児童等がインターネットを通じて行われるいじめに巻き込まれていないかどうかを監視する関係機関又は関係団体の取組を支援するとともに、インターネットを通じて行われるいじめに関する事案に対処する体制の整備に努めるものとする。
③　インターネットを通じていじめが行われた場合において、当該いじめを受けた児童等又はその保護者は、当該いじめに係る情報の削除を求め、又は発信者情報（特定電気通信役務提供者の損害賠償責任の制限及び発信者情報の開示に関する法律（平成13年法律第137号）第4条第1項

に規定する発信者情報をいう。）の開示を請求しようとするときは、必要に応じ、法務局又は地方法務局の協力を求めることができる。

（いじめの防止等のための対策の調査研究の推進等）
第20条　国及び地方公共団体は、いじめの防止及び早期発見のための方策等、いじめを受けた児童等又はその保護者に対する支援及びいじめを行った児童等に対する指導又はその保護者に対する助言の在り方、インターネットを通じて行われるいじめへの対応の在り方その他のいじめの防止等のために必要な事項やいじめの防止等のための対策の実施の状況についての調査研究及び検証を行うとともに、その成果を普及するものとする。

（啓発活動）
第21条　国及び地方公共団体は、いじめが児童等の心身に及ぼす影響、いじめを防止することの重要性、いじめに係る相談制度又は救済制度等について必要な広報その他の啓発活動を行うものとする。

第4章　いじめの防止等に関する措置

（学校におけるいじめの防止等の対策のための組織）
第22条　学校は、当該学校におけるいじめの防止等に関する措置を実効的に行うため、当該学校の複数の教職員、心理、福祉等に関する専門的な知識を有する者その他の関係者により構成されるいじめの防止等の対策のための組織を置くものとする。

（いじめに対する措置）
第23条　学校の教職員、地方公共団体の職員その他の児童等からの相談に応じる者及び児童等の保護者は、児童等からいじめに係る相談を受けた場合において、いじめの事実があると思われるときは、いじめを受けたと思われる児童等が在籍す

る学校への通報その他の適切な措置をとるものとする。
②　学校は、前項の規定による通報を受けたときその他当該学校に在籍する児童等がいじめを受けていると思われるときは、速やかに、当該児童等に係るいじめの事実の有無の確認を行うための措置を講ずるとともに、その結果を当該学校の設置者に報告するものとする。
③　学校は、前項の規定による事実の確認によりいじめがあったことが確認された場合には、いじめをやめさせ、及びその再発を防止するため、当該学校の複数の教職員によって、心理、福祉等に関する専門的な知識を有する者の協力を得つつ、いじめを受けた児童等又はその保護者に対する支援及びいじめを行った児童等に対する指導又はその保護者に対する助言を継続的に行うものとする。
④　学校は、前項の場合において必要があると認めるときは、いじめを行った児童等についていじめを受けた児童等が使用する教室以外の場所において学習を行わせる等いじめを受けた児童等その他の児童等が安心して教育を受けられるようにするために必要な措置を講ずるものとする。
⑤　学校は、当該学校の教職員が第3項の規定による支援又は指導若しくは助言を行うに当たっては、いじめを受けた児童等の保護者といじめを行った児童等の保護者との間で争いが起きることのないよう、いじめの事案に係る情報をこれらの保護者と共有するための措置その他の必要な措置を講ずるものとする。
⑥　学校は、いじめが犯罪行為として取り扱われるべきものであると認めるときは所轄警察署と連携してこれに対処するものとし、当該学校に在籍する児童等の生命、身体又は財産に重大な被害が生じるおそれがあるときは直ちに所轄警察署に通報し、適切に、援助を求めなければならない。

（学校の設置者による措置）
第24条　学校の設置者は、前条第2項の規

定による報告を受けたときは、必要に応じ、その設置する学校に対し必要な支援を行い、若しくは必要な措置を講ずることを指示し、又は当該報告に係る事案について自ら必要な調査を行うものとする。

（校長及び教員による懲戒）
第25条　校長及び教員は、当該学校に在籍する児童等がいじめを行っている場合であって教育上必要があると認めるときは、学校教育法第11条の規定に基づき、適切に、当該児童等に対して懲戒を加えるものとする。

（出席停止制度の適切な運用等）
第26条　市町村の教育委員会は、いじめを行った児童等の保護者に対して学校教育法第35条第1項（同法第49条において準用する場合を含む。）の規定に基づき当該児童等の出席停止を命ずる等、いじめを受けた児童等その他の児童等が安心して教育を受けられるようにするために必要な措置を速やかに講ずるものとする。

（学校相互間の連携協力体制の整備）
第27条　地方公共団体は、いじめを受けた児童等といじめを行った児童等が同じ学校に在籍していない場合であっても、学校がいじめを受けた児童等又はその保護者に対する支援及びいじめを行った児童等に対する指導又はその保護者に対する助言を適切に行うことができるようにするため、学校相互間の連携協力体制を整備するものとする。

第5章　重大事態への対処

（学校の設置者又はその設置する学校による対処）
第28条　学校の設置者又はその設置する学校は、次に掲げる場合には、その事態（以下「重大事態」という。）に対処し、及び当該重大事態と同種の事態の発生の防止に資するため、速やかに、当該学校の設置者又はその設置する学校の下に組織を

設け、質問票の使用その他の適切な方法により当該重大事態に係る事実関係を明確にするための調査を行うものとする。
一　いじめにより当該学校に在籍する児童等の生命、心身又は財産に重大な被害が生じた疑いがあると認めるとき。
二　いじめにより当該学校に在籍する児童等が相当の期間学校を欠席することを余儀なくされている疑いがあると認めるとき。
②　学校の設置者又はその設置する学校は、前項の規定による調査を行ったときは、当該調査に係るいじめを受けた児童等及びその保護者に対し、当該調査に係る重大事態の事実関係等その他の必要な情報を適切に提供するものとする。
③　第1項の規定により学校が調査を行う場合においては、当該学校の設置者は、同項の規定による調査及び前項の規定による情報の提供について必要な指導及び支援を行うものとする。

（国立大学に附属して設置される学校に係る対処）
第29条　国立大学法人（国立大学法人法（平成15年法律第112号）第2条第1項に規定する国立大学法人をいう。以下この条において同じ。）が設置する国立大学に附属して設置される学校は、前条第1項各号に掲げる場合には、当該国立大学法人の学長を通じて、重大事態が発生した旨を、文部科学大臣に報告しなければならない。
②　前項の規定による報告を受けた文部科学大臣は、当該報告に係る重大事態への対処又は当該重大事態と同種の事態の発生の防止のため必要があると認めるときは、前条第一項の規定による調査の結果について調査を行うことができる。
③　文部科学大臣は、前項の規定による調査の結果を踏まえ、当該調査に係る国立大学法人又はその設置する国立大学に附属して設置される学校が当該調査に係る重大事態への対処又は当該重大事態と同種の事態の発生の防止のために必要な措置

資料編　181

を講ずることができるよう、国立大学法人法第35条において準用する独立行政法人通則法（平成11年法律第103号）第64条第1項に規定する権限の適切な行使その他の必要な措置を講ずるものとする。

（公立の学校に係る対処）
第30条　地方公共団体が設置する学校は、第28条第1項各号に掲げる場合には、当該地方公共団体の教育委員会を通じて、重大事態が発生した旨を、当該地方公共団体の長に報告しなければならない。
②　前項の規定による報告を受けた地方公共団体の長は、当該報告に係る重大事態への対処又は当該重大事態と同種の事態の発生の防止のため必要があると認めるときは、附属機関を設けて調査を行う等の方法により、第28条第1項の規定による調査の結果について調査を行うことができる。
③　地方公共団体の長は、前項の規定による調査を行ったときは、その結果を議会に報告しなければならない。
④　第2項の規定は、地方公共団体の長に対し、地方教育行政の組織及び運営に関する法律（昭和31年法律第162号）第23条に規定する事務を管理し、又は執行する権限を与えるものと解釈してはならない。
⑤　地方公共団体の長及び教育委員会は、第2項の規定による調査の結果を踏まえ、自らの権限及び責任において、当該調査に係る重大事態への対処又は当該重大事態と同種の事態の発生の防止のために必要な措置を講ずるものとする。

（私立の学校に係る対処）
第31条　学校法人（私立学校法（昭和24年法律第270号）第3条に規定する学校法人をいう。以下この条において同じ。）が設置する学校は、第28条第1項各号に掲げる場合には、重大事態が発生した旨を、当該学校を所轄する都道府県知事（以下この条において単に「都道府県知事」という。）に報告しなければならない。
②　前項の規定による報告を受けた都道府県

知事は、当該報告に係る重大事態への対処又は当該重大事態と同種の事態の発生の防止のため必要があると認めるときは、附属機関を設けて調査を行う等の方法により、第28条第1項の規定による調査の結果について調査を行うことができる。
③　都道府県知事は、前項の規定による調査の結果を踏まえ、当該調査に係る学校法人又はその設置する学校が当該調査に係る重大事態への対処又は当該重大事態と同種の事態の発生の防止のために必要な措置を講ずることができるよう、私立学校法第6条に規定する権限の適切な行使その他の必要な措置を講ずるものとする。
④　前2項の規定は、都道府県知事に対し、学校法人が設置する学校に対して行使することができる権限を新たに与えるものと解釈してはならない。

（文部科学大臣又は都道府県の教育委員会の指導、助言及び援助）
第33条　地方自治法（昭和22年法律第67号）第245条の四第一項の規定によるほか、文部科学大臣は都道府県又は市町村に対し、都道府県の教育委員会は市町村に対し、重大事態への対処に関する都道府県又は市町村の事務の適正な処理を図るため、必要な指導、助言又は援助を行うことができる。

第6章　雑則

（学校評価における留意事項）
第34条　学校の評価を行う場合においていじめの防止等のための対策を取り扱うに当たっては、いじめの事実が隠蔽されず、並びにいじめの実態の把握及びいじめに対する措置が適切に行われるよう、いじめの早期発見、いじめの再発を防止するための取組等について適正に評価が行われるようにしなければならない。

附　則

（検討）

第2条　いじめの防止等のための対策については、この法律の施行後3年を目途として、この法律の施行状況等を勘案し、検討が加えられ、必要があると認められるときは、その結果に基づいて必要な措置が講ぜられるものとする。

② 政府は、いじめにより学校における集団の生活に不安又は緊張を覚えることとなったために相当の期間学校を欠席することを余儀なくされている児童等が適切な支援を受けつつ学習することができるよう、当該児童等の学習に対する支援の在り方についての検討を行うものとする。

7. 体罰の禁止及び児童生徒理解に基づく指導の徹底について（通知）

（24文科初第1269号　平成25年3月13日）

昨年末、部活動中の体罰を背景とした高校生の自殺事案が発生するなど、教職員による児童生徒への体罰の状況について、文部科学省としては、大変深刻に受け止めております。体罰は、学校教育法で禁止されている、決して許されない行為であり、平成25年1月23日初等中等教育局長、スポーツ・青少年局長通知「体罰禁止の徹底及び体罰に係る実態把握について」においても、体罰禁止の徹底を改めてお願いいたしました。

懲戒、体罰に関する解釈・運用については、平成19年2月に、裁判例の動向等も踏まえ、「問題行動を起こす児童生徒に対する指導について」（18文科初第1019号 文部科学省初等中等教育局長通知）別紙「学校教育法第11条に規定する児童生徒の懲戒・体罰に関する考え方」を取りまとめましたが、懲戒と体罰の区別等についてより一層適切な理解促進を図るとともに、教育現場において、児童生徒理解に基づく指導が行われるよう、改めて本通知において考え方を示し、別紙において参考事例を示しました。懲戒、体罰に関する解釈・運用については、今後、本通知によるものとします。

また、部活動は学校教育の一環として行われるものであり、生徒をスポーツや文化等に親しませ、責任感、連帯感の涵養（かんよ

う）等に資するものであるといった部活動の意義をもう一度確認するとともに、体罰を厳しい指導として正当化することは誤りであるという認識を持ち、部活動の指導に当たる教員等は、生徒の心身の健全な育成に資するよう、生徒の健康状態等の十分な把握や、望ましい人間関係の構築に留意し、適切に部活動指導をすることが必要です。

貴職におかれましては、本通知の趣旨を理解の上、児童生徒理解に基づく指導が徹底されるよう積極的に取り組むとともに、都道府県・指定都市教育委員会にあっては所管の学校及び域内の市区町村教育委員会等に対して、都道府県知事にあっては所轄の私立学校に対して、国立大学法人学長にあっては附属学校に対して、構造改革特別区域法第12条第1項の認定を受けた地方公共団体の長にあっては認可した学校に対して、本通知の周知を図り、適切な御指導をお願いいたします。

記

1　体罰の禁止及び懲戒について

体罰は、学校教育法第11条において禁止されており、校長及び教員（以下「教員等」という。）は、児童生徒への指導に当たり、いかなる場合も体罰を行ってはならない。体罰は、違法行為であるのみならず、児童生徒の心身に深刻な悪影響を与え、教員等及び学校への信頼を失墜させる行為である。

体罰により正常な倫理観を養うことはできず、むしろ児童生徒に力による解決への志向を助長させ、いじめや暴力行為などの連鎖を生む恐れがある。もとより教員等は 指導に当たり、児童生徒一人一人をよく理解し、適切な信頼関係を築くことが重要であり、このために日頃から自らの指導の在り方を見直し、指導力の向上に取り組むことが必要である。懲戒が必要と認める状況においても、決して体罰によることなく、児童生徒の規範意識や社会性の育成を図るよう、適切に懲戒を行い、粘り強く指導することが必要である。ここでいう懲戒とは、学校教育法施行規則に定める退学（公立義務教育諸学校に在籍する学齢児童生徒を除く。）、停学（義務教育諸学

校に在籍する学齢児童生徒を除く。）、訓告の
ほか、児童生徒に肉体的苦痛を与えるもので
ない限り、通常、懲戒権の範囲内と判断され
ると考えられる行為として、注意、叱責、居
残り、別室指導、起立、宿題、清掃、学校当
番の割当て、文書指導などがある。

2　懲戒と体罰の区別について
　（1）　教員等が児童生徒に対して行った懲
戒行為が体罰に当たるかどうかは、当該児
童生徒の年齢、健康、心身の発達状況、当
該行為が行われた場所的及び時間的環境、
懲戒の態様等の諸条件を総合的に考え、
個々の事案ごとに判断する必要がある。こ
の際、単に、懲戒行為をした教員等や、懲
戒行為を受けた児童生徒・保護者の主観の
みにより判断するのではなく、諸条件を客
観的に考慮して判断すべきである。
　（2）　（1）により、その懲戒の内容が身体
的性質のもの、すなわち、身体に対する
侵害を内容とするもの（殴る、蹴る等）、
児童生徒に肉体的苦痛を与えるようなも
の（正座・直立等特定の姿勢を長時間にわ
たって保持させる等）に当たると判断され
た場合は、体罰に該当する。

3　正当防衛及び正当行為について
　（1）　児童生徒の暴力行為等に対しては、
毅然とした姿勢で教職員一体となって対応
し、児童生徒が安心して学べる環境を確保
することが必要である。
　（2）　児童生徒から教員等に対する暴力行
為に対して、教員等が防衛のためにやむを
得ずした有形力の行使は、もとより教育上
の措置たる懲戒行為として行われたもので
はなく、これにより身体への侵害又は肉体
的苦痛を与えた場合は体罰には該当しな
い。また、他の児童生徒に被害を及ぼすよ
うな暴力行為に対して、これを制止した
り、目前の危険を回避したりするためにや
むを得ずした有形力の行使についても、同
様に体罰に当たらない。これらの行為につ
いては、正当防衛又は正当行為等として刑
事上又は民事上の責めを免れうる。

4　体罰の防止と組織的な指導体制について
　（1）　体罰の防止
　1.　教育委員会は、体罰の防止に向け、
研修の実施や教員等向けの指導資料の作成
など、教員等が体罰に関する正しい認識を
持つよう取り組むことが必要である。
　2.　学校は、指導が困難な児童生徒の対
応を一部の教員に任せきりにしたり、特定
の教員が抱え込んだりすることのないよ
う、組織的な指導を徹底し、校長、教頭等
の管理職や生徒指導担当教員を中心に、指
導体制を常に見直すことが必要である。
　3.　校長は、教員が体罰を行うことのな
いよう、校内研修の実施等により体罰に関
する正しい認識を徹底させ、「場合によっ
ては体罰もやむを得ない」などといった
誤った考え方を容認する雰囲気がないか常
に確認するなど、校内における体罰の未然
防止に恒常的に取り組むことが必要であ
る。また、教員が児童生徒への指導で困難
を抱えた場合や、周囲に体罰と受け取られ
かねない指導を見かけた場合には、教員個
人で抱え込まず、積極的に管理職や他の教
員等へ報告・相談できるようにするなど、
日常的に体罰を防止できる体制を整備する
ことが必要である。
　4.　教員は、決して体罰を行わないよ
う、平素から、いかなる行為が体罰に当た
るかについての考え方を正しく理解してお
く必要がある。また、機会あるごとに自身
の体罰に関する認識を再確認し、児童生徒
への指導の在り方を見直すとともに、自身
が児童生徒への指導で困難を抱えた場合
や、周囲に体罰と受け取られかねない指導
を見かけた場合には、教員個人で抱え込ま
ず、積極的に管理職や他の教員等へ報告・
相談することが必要である。
　（2）　体罰の実態把握と事案発生時の報告の
徹底
　1.　教育委員会は、校長に対し、体罰を
把握した場合には教育委員会に直ちに報告
するよう求めるとともに、日頃から、
主体的な体罰の実態把握に努め、体罰と
疑われる事案があった場合には、関係し
た教員等からの聞き取りのみならず、児

童生徒や保護者からの聞き取りや、必要に応じて第三者の協力を得るなど、事実関係の正確な把握に努めることが必要である。あわせて、体罰を行ったと判断された教員等については、体罰が学校教育法に違反するものであることから、厳正な対応を行うことが必要である。

2. 校長は、教員に対し、万が一体罰を行った場合や、他の教員の体罰を目撃した場合には、直ちに管理職へ報告するよう求めるなど、校内における体罰の実態把握のために必要な体制を整備することが必要である。

また、教員や児童生徒、保護者等から体罰や体罰が疑われる事案の報告・相談があった場合は、関係した教員等からの聞き取りや、児童生徒や保護者からの聞き取り等により、事実関係の正確な把握に努めることが必要である。

加えて、体罰を把握した場合、校長は直ちに体罰を行った教員等を指導し、再発防止策を講じるとともに、教育委員会へ報告することが必要である。

3. 教育委員会及び学校は、児童生徒や保護者が、体罰の訴えや教員等との関係の悩みを相談することができる体制を整備し、相談窓口の周知を図ることが必要である。

5 部活動指導について

(1) 部活動は学校教育の一環であり、体罰が禁止されていることは当然である。成績や結果を残すことのみに固執せず、教育活動として逸脱することなく適切に実施されなければならない。

(2) 他方、運動部活動においては、生徒の技術力・身体的能力、又は精神力の向上を図ることを目的として、肉体的、精神的負荷を伴う指導が行われるが、これらは心身の健全な発達を促すとともに、活動を通じて達成感や、仲間との連帯感を育むものである。ただし、その指導は学校、部活動顧問、生徒、保護者の相互理解の下、年齢、技能の習熟度や健康状態、場所的・時間的環境等を総合的に考えて、適切に実施

しなければならない。

指導と称し、部活動顧問の独善的な目的を持って、特定の生徒たちに対して、執拗かつ過度に肉体的・精神的負荷を与える指導は教育的指導とは言えない。

(3) 部活動は学校教育の一環であるため、校長、教頭等の管理職は、部活動顧問に全て委ねることなく、その指導を適宜監督し、教育活動としての使命を守ることが求められる。

8. 学校教育法第11条に規定する児童生徒の懲戒・体罰等に関する参考事例

(24文科初第1269号：別紙　平成25年3月13日)

本紙は、学校現場の参考に資するよう、具体の事例について、通常、どのように判断されうるかを示したものである。本紙は飽くまで参考として、事例を簡潔に示して整理したものであるが、個別の事案が体罰に該当するか等を判断するに当たっては、本通知2(1)の諸条件を総合的に考え、個々の事案ごとに判断する必要がある。

(1) 体罰（通常、体罰と判断されると考えられる行為）

○ 身体に対する侵害を内容とするもの

・ 体育の授業中、危険な行為をした児童の背中を足で踏みつける。

・ 帰りの会で足をぶらぶらさせて座り、前の席の児童に足を当てた児童を、突き飛ばして転倒させる。

・ 授業態度について指導したが反抗的な言動をした複数の生徒らの頬を平手打ちする。

・ 立ち歩きの多い生徒を叱ったが聞かず、席につかないため、頬をつねって席につかせる。

・ 生徒指導に応じず、下校しようとしている生徒の腕を引いたところ、生徒が腕を振り払ったため、当該生徒の頭を平手で叩（たた）く。

・ 給食の時間、ふざけていた生徒に対し、口頭で注意したが聞かなかったため、持っていたボールペンを投げつけ、

生徒に当てる。

・　部活動顧問の指示に従わず、ユニフォームの片づけが不十分であったため、当該生徒の頬を殴打する。

○　被罰者に肉体的苦痛を与えるようなもの
・　放課後に児童を教室に残留させ、児童がトイレに行きたいと訴えたが、一切、室外に出ることを許さない。
・　別室指導のため、給食の時間を含めて生徒を長く別室に留め置き、一切室外に出ることを許さない。
・　宿題を忘れた児童に対して、教室の後方で正座で授業を受けるよう言い、児童が苦痛を訴えたが、そのままの姿勢を保持させた。

(2)　認められる懲戒（通常、懲戒権の範囲内と判断されると考えられる行為）（ただし肉体的苦痛を伴わないものに限る。）
　　※　学校教育法施行規則に定める退学・停学・訓告以外で認められると考えられるものの例
・　放課後等に教室に残留させる。
・　授業中、教室内に起立させる。
・　学習課題や清掃活動を課す。
・　学校当番を多く割り当てる。
・　立ち歩きの多い児童生徒を叱って席につかせる。
・　練習に遅刻した生徒を試合に出さずに見学させる。

(3)　正当な行為（通常、正当防衛、正当行為と判断されると考えられる行為）

○　児童生徒から教員等に対する暴力行為に対して、教員等が防衛のためにやむを得ずした有形力の行使
・　児童が教員の指導に反抗して教員の足を蹴ったため、児童の背後に回り、体をきつく押さえる。

○　他の児童生徒に被害を及ぼすような暴力行為に対して、これを制止したり、目前の危険を回避するためにやむを得ずした有形力の行使
・　休み時間に廊下で、他の児童を押さえつけて殴るという行為に及んだ児童がいたため、この児童の両肩をつかんで引き離す。
・　全校集会中に、大声を出して集会を妨げる行為があった生徒を冷静にさせ、別の場所で指導するため、別の場所に移るよう指導したが、なおも大声を出し続けて抵抗したため、生徒の腕を手で引っ張って移動させる。
・　他の生徒をからかっていた生徒を指導しようとしたところ、当該生徒が教員に暴言を吐きつばを吐いて逃げ出そうとしたため、生徒が落ち着くまでの数分間、肩を両手でつかんで壁へ押しつけ、制止させる。
・　試合中に相手チームの選手とトラブルになり、殴りかかろうとする生徒を、押さえつけて制止させる。

以上

事 項 索 引 （五十音順）

あ

アセスメント　　35-37, 57, 118, 126, 130,
　　134, 136
遊び型非行　　91
新しい荒れ　　80

い

いきなり型　　91
生きる力　　144
いじめ　　18, 51, 56, 77-79, 81, 99, 100-
　　101, 102-104, 106-107, 117, 128, 132,
　　134
いじめ集団の「四層構造モデル」　　101,
　　103
いじめ防止対策推進法　　104, 106, 108
一般的理解　　36-37
異年齢集団　　30
インターンシップ　　155, 163

え

NPO　　163
援助資源　　126
援助チーム　　127

か

開発的カウンセリング　　119, 132-134,
　　136
カウンセリング　　42, 57, 132, 136
カウンセリング技法　　135
学業指導　　12, 17
学習障害　　45, 47
拡大援助チーム　　131
課題対応能力　　161
学級崩壊　　80

き

学級・ホームルーム担任　　51, 55, 127
学校教育法　　61, 63, 65, 67
学校恐怖症　　111
学校病理　　78
家庭裁判所　　70, 72
家庭裁判所調査官　　72
観察法　　40
感染症　　67, 69

基礎的・汎用的能力　　160
規範意識　　95
器物損壊　　87, 89
客観的理解　　36-37
キャリア教育　　122, 153, 155-157, 159,
　　161, 163-164
キャリアプランニング能力　　161
ギャング・グループ　　38
教育基本法　　19, 59
教員研修　　59
教育荒廃　　63, 78, 80
教育再生会議　　100
教育再生実行会議　　104
教育相談　　19, 23, 37, 55-56, 78, 107, 118,
　　122, 125-126, 128-129, 132, 135-137
共感的な人間関係　　13
共感的理解　　36-37
業者テスト　　156

く

具体的操作期　　38
虞犯少年　　70, 72, 88
グループ・エンカウンター　　96
訓告　　62

け

形式的操作期　39
啓発的経験　17, 155, 163
健康・安全指導　17
言語活動　25
検査法　40

こ

コア援助チーム　130
校則　9, 69, 79
行動連携　146-147
校内暴力　63, 77-78, 87, 89
広汎性発達障害　47
校務分掌　51-52, 55, 57, 59, 128-129, 153
心の教室相談員　80, 100
個人化　103
個人的適応指導　17
個性の伸長　10, 19, 24, 95
子どもを守る地域ネットワーク　150
個別指導　18, 23, 81
個別的理解　36, 40
コーディネーター　118, 134
コンサルテーション　128, 137

さ

作品法　40
サポートチーム　142, 144, 147

し

自我同一性　39
自己決定　13
自己実現　10, 13, 17, 22, 28, 111, 153, 155, 163
自己指導能力　11-13, 15, 22, 24, 26, 82, 126, 132, 153
自己存在感　13, 83
自己理解・自己管理能力　161
私事化　103

自尊感情　13, 48
質問紙検査法　40
児童虐待　149-150
児童虐待の防止等に関する法律　150
児童生徒理解　11, 19, 26, 35-37, 40-41, 81
児童相談所　57, 72, 97, 105, 123, 134, 137, 144, 147, 150
指導と評価の一体化　26
指導要録　62
自発性・自主性　15
社会性指導　17
社会的資質　17
習熟度別指導　26
集団活動　29
集団指導　18, 23, 81
主観的理解　36-37
主体性　15, 32
主体的な学習態度　25
出席停止　67, 69, 100, 106
少年非行　78, 91
少年法　70, 72
情報連携　146
職業科　156
職業指導　155
職場体験　155, 163
触法少年　70, 72, 88
自律性　15
事例研究法　40
人格形成　23-24
新学力観　156
心理教育　133, 136
心理教育的援助サービス　42, 132
心理的離乳　39
進路指導　17, 23, 153-155, 157, 159, 161, 163
進路指導主事　153, 163
進路相談　17, 123, 163

す

スクールカウンセラー　42, 56, 80, 100,
　　118, 122, 126, 128, 130, 133 - 134, 136

せ

生活（生存）型非行　91
性行不良　67
生徒間暴力　87, 89
生徒指導主事　53 - 55, 107, 153
生徒指導体制　51, 53
生徒指導提要　10, 25, 135
生徒指導部　53 - 54, 57, 118
ゼロ・トレランス方式　96

た

退学　62
対教師暴力　87, 89
第二反抗期　39
体罰　62 - 64, 79
対人暴力　87, 89

ち

中途退学　120, 122
地域ネットワーク　141, 147
地域の教育力　142
チーム学校　138
チャム・グループ　40
注意欠陥・多動性障害　45, 47
中1ギャップ　116, 120
懲戒　61, 64, 66 - 67, 106, 120
治療的カウンセリング　119, 132, 134,
　　136 - 137

つ

追指導　155

て

停学　62, 67

出口指導　154, 156, 163

と

登校拒否　112
道徳教育推進教師　26
道徳性　38
道徳的実践意欲と態度　27
道徳的心情　27
特別支援教育　95, 128, 130
特別の教科である道徳　21

に

ニート　121
人間関係形成・社会形成能力　160

ね

ネットいじめ　106
ネットワーク型援助チーム　131
年間指導計画　57, 162

は

発達課題　38
発達障害　45, 47, 81, 95, 114, 122, 134
反抗（粗暴）型非行　91
犯罪少年　70, 72, 88
反社会的行動　70, 76 - 77, 82, 128

ひ

ピア・グループ　40
PDCAサイクル　42, 130, 164
非行　9, 70, 80, 87 - 88, 91, 94, 97, 111, 117,
　　134, 149
非行少年　70, 72, 88
非行防止教室　149
非社会的行動　76, 77, 128
開かれた学校　144

ふ

フォロワーシップ　30
部活代替制度　31
父性原理　77
不登校　35, 77-79, 81-82, 111, 113-115,
　　117, 119-120, 128, 132, 134
不登校相当　113, 116
不良行為少年　88
プログレッシブディシプリン　96

へ

偏差値輪切り　156

ほ

暴力行為　87, 89, 92, 94, 97, 128
ポートフォリオ　164
保護処分　72
母性原理　78

み

未成年者喫煙禁止法　75

め

面接法　40

も

問題行動　10, 13, 18, 35, 42, 49, 52, 55-56,
　　75, 78, 81-83, 87, 141, 144-149

ゆ

ゆとり　144

よ

養護教諭　56, 107, 118, 126, 131, 134, 135
余暇指導　17
欲求不満耐性　77
予防的カウンセリング　119, 132, 134, 136
4領域8能力　159

ら

ライフスキルトレーニング　96
ラポール　135

り

リファー　118, 137

わ

若者自立・挑戦プラン　159

執筆者紹介 （50 音順）

貝塚茂樹（かいづか　しげき）第 8 章担当
1963（昭和 38）年生まれ
現在　武蔵野大学教授
主要業績
　『教えることのすすめ—教師・道徳・愛国心』（明治図書、2010 年）
　『天野貞祐—道理を信じ、道理に生きる』（ミネルヴァ書房、2017 年）
　『戦後日本教育史』（放送大学教育振興会、2018 年）

佐藤公（さとう　こう）第 2 章担当
1970（昭和 45）年生まれ
現在　明治学院大学准教授
主要業績
　『教育学の教科書—教育を考えるための 12 章—』（共著、文化書房博文社、2008 年）
　『市民教育への改革』（共著、東京書籍、2011 年）
　『地域と教育—地域における教育の魅力—』（共著、学文社、2012 年）

大間敏行（だいま　としゆき）第 7 章、第 11 章、第 12 章担当
1977（昭和 52）年生まれ
現在　近畿大学九州短期大学講師
主要業績
　『教育の歴史と思想』（共著、ミネルヴァ書房、2013 年）
　『就学告諭と近代教育の形成—勧奨の論理と学校創設—』（共著、東京大学出版会、2016 年）
　『保育のための教育原理』（共著、ミネルヴァ書房、2019 年）

中井大介（なかい　だいすけ）第 3 章、第 9 章、第 10 章担当
1977（昭和 52）年生まれ
現在　愛知教育大学准教授
主要業績
　『生徒の教師に対する信頼感に関する研究』（風間書房、2012 年）
　『チーム学校での効果的な援助』（共著、ナカニシヤ出版、2018 年）
　『絶対役立つ教育相談—実践例から学ぶ学校現場の今』（共著、ミネルヴァ書房、2017 年）

藤田祐介（ふじた　ゆうすけ）第 1 章、第 4 章、第 5 章、第 6 章、「資料編」担当
1975（昭和 50）年生まれ
現在　武蔵野大学准教授
主要業績
　『教育における「政治的中立」の誕生—「教育二法」成立過程の研究—』（共著、ミネルヴァ書房、2011 年）
　『学校の制度を学ぶ』（編著、文化書房博文社、2015 年）
　『若手教師の成長をどう支援するか—養成・研修に活かす教職の基礎—』（編著、教育開発研究所、2017 年）

生徒指導の教科書［改訂版］

2019 年 4 月 15 日　初版発行
2021 年 2 月 20 日　第 2 刷発行

編著者　藤田　祐介

発行者　鈴木　康一

〒 112-0015　東京都文京区目白台 1-9-9

振替 00180-9-86955

電話 03（3947）2034

Fax　03（3947）4976　　　　　　　　　　発行所　（株）文化書房博文社

印刷・製本　モリモト印刷株式会社　　　　　　ISBN 978-4-8301-1315-4

JCOPY ＜（社）出版者著作権管理機構 委託出版物＞
　本書の無断複写は著作権法上での例外を除き禁じられています。複写される場合は、その
つど事前に、（社）出版者著作権管理機構（電話 03-3513-6969、FAX 03-3513-6979、e-mail:
info@jcopy.or.jp）の許諾を得てください。

　本書のコピー、スキャン、デジタル化等の無断複製は著作権法上での例外を除き禁じられ
ています。本書を代行業者等の第三者に依頼してスキャンやデジタル化することは、たとえ
個人や家庭内での利用であっても著作権法上認められておりません。